Kinder
entdecken
Wien

Kinder entdecken Wien – Ein Erlebnis-Stadtführer

Achtung: Was du gerade in Händen hältst, ist kein gewöhnlicher Stadtführer!
Wir laden dich ein, die Stadt selbst zu entdecken – am besten von dort aus, wo du gerade bist. Wien ist nämlich eine echte Abenteuerstadt. Eine moderne Metropole mit Flughafen, Bahnhöfen, einer U-Bahn, mit der du im Minutentakt unterirdisch durch die Stadt saust, und – was die wenigsten wissen – sogar einem großen Hafen, der direkt zum (ziemlich weit entfernten) Meer führt. Beinahe 1,6 Millionen Menschen leben hier. Statistisch gesehen heißt das, dass fast jeder fünfte Mensch, dem du in Österreich begegnest, in Wien wohnt.
Ach ja, und wir beide leben auch hier in Wien. Ich bin die **Taube Leopoldine** – aber jeder nennt mich **Poldi.** Und das ist mein Freund **Franz-Ferdinand.** Als Ratte ist er gut zu Fuß und kennt die geheimen Gänge und verborgenen Winkel dieser Stadt am besten. Ich bin naturgemäß eine Flugkünstlerin und behalte lieber aus der Luft den Überblick – was sehr wichtig ist in diesem Häuserdschungel! Du musst wissen, Wien ist eine sehr alte Stadt, die im Kreis herum gewachsen ist – wie ein Baumstamm, der mit den Jahren immer dicker und dicker wird. Und so stehen moderne Glashochhäuser neben Gebäuden, die so alt sind, dass sie schon zur Zeit deiner Ur-ur-ur-ur-ur-ur-urgroßeltern gebaut wurden. Oder noch früher.
Weil die Stadt so jung und alt gleichzeitig ist, kannst du hier erleben, wie die Zeit stehen geblieben ist. Du kannst wie Königin und König mit der Kutsche durch die Stadt fahren (Vorsicht: Deine Eltern brauchen dazu auch die Brieftasche eines Königs!), echte Dinosaurierknochen entdecken, Ritterrüstungen bestaunen oder hinunterklettern in die finsteren Schächte der Wiener Kanalisation und es so richtig gruseln lassen. Genauso gut kannst du Fahrrad, Rollerblades oder Skateboard schnappen und durch das ehemalige Jagdgebiet der österreichischen Kaiser, den Prater, rollen. Wenn du Glück hast, laufen dir vielleicht sogar Rehe, ganz sicher aber mehrere Eichhörnchen über den Weg.
Wien ist eben eine Zauberstadt: Überleg dir ganz einfach, wer du heute sein möchtest, und wir helfen dir, dich zu verwandeln. Steig ein in unsere Zeitmaschine und schau dir an, wie Wien vor fast 1000 Jahren ausgesehen hat, lass dir die Geschichten von schaurigen Ungeheuern, die mitten in der Stadt lebten, erzählen. Oder wärst du heute lieber ein Forscher, der durch die Wälder streift, auf der Suche nach seltsamen Pflanzen und Tieren? Oder ist dir mehr nach künstlerischem Treiben zumute? Na, dann schau dir berühmte Künstler in den Wiener Museen an und mach es ihnen nach – Malermantel umgehängt, Pinsel in die Hand und los geht's! Wir sagen dir immer, wo was los ist; so wahr wir **Leopoldine** und **Franz-Ferdinand** heißen: Mit uns wird dir in dieser Stadt bestimmt nicht langweilig! Schließlich sind wir städtisch und bürgermeisterlich geprüfte Erlebnis-Stadtführer für Kinder – mit Stempel und Siegel! Wie es dazu kam, erzählen wir dir gleich.

Daniel Winkler

Kinder entdecken WIEN

EIN ERLEBNIS-STADTFÜHRER

Illustriert von
Gundula Geiger und
Katharina Hübl

Für **Paul, Laurenz, Valentin** und **Anna,** die uns ein wunderschönes Gute-Nacht-Gedicht geschenkt hat.

Das Autorenteam bedankt sich für die außergewöhnliche Unterstützung durch Bruno Wegscheider, Maria Tutschek-Landauer, Bianca Okresek und Johannes Sachslehner.

Bildnachweis

APA-Images/Grafik bzw. Peter Pleyel (Zeichnungen): 40/41

Coca-Cola/Foto Andi Bruckner: 5 (4. Bild von oben), 82 (kleines Bild), 88
ZOOM Kindermuseum, Foto Max Wegscheidler: 3, 8, 28, 52, 82, 106, 132 (jeweils großes Bild), 146, 150, 158 (oben)
ZOOM Kindermuseum, Foto Alexandra Eizinger: 132 (kleines Bild), 146 (unten links), 147
ZOOM Kindermuseum 1994 Treffpunkt Picasso: 146 (unten rechts)
M&N Tutschek: 10/11, 15, 37 (oben), 49, 62/63, 76, 80, 81 (oben, Mitte links, unten), 85, 93, 99, 105, 133, 134, 135, 158 (kleines Bild), 162/63, 168
Willfried Gredler-Oxenbauer: 8 (kleines Bild), 17, 20/21, 25, 43, 44, 45, 46, 47, 51, 61, 114, 139
Bruno Wegscheider: 52, 64, 65, 81 (Streichelzoo), 128
Moritz Wegscheider: 81 (Weißhandgibbons)
Robert Bouchal: 68, 69, 70, 150 (kleines Bild), 156
Dr. Ulrike Goldschmid: 140 (großes Bild)
Dr. Sieber: 140 (kleine Bilder)
Polizeikommando Wien/Landesverkehrsabteilung: 12
Minopolis Kinderveranstaltungs GmbH: 13
Foto Wien Energie Haus: 14 (oben)
Foto Wiener Hafen: 14 (unten)
Wiener Wasserwerke, Foto H. Labler: 19
MA 22, Naturschutz: 138
MA 42, Stadtgartenamt: 74
MA 44, Bäder: 91
MA 48, Abfallwirtschaft: 22
MA 49, Antonicek, Faltejsek: 66, 67
MA 49, Forstamt u. Landwirtschaftsbetrieb: 72, 73
Verkehrsbüro-Kulinarik: 95, 96
Tiergarten Schönbrunn: 77, 81 (Weißer Wolf), 154,
Naturhistorisches Museum: 78, 79
Kunsthistorisches Museum: 119
MAK: 120
MUMOK, Lisa Rastl, Lena Deinhardstein: 121
Jüdisches Museum: 145
Foto ORF-Backstage: 24
Helmut Portele, WTM: 26
Haus des Meeres: 75 (Haibild: Adolf Schatten)
Wien Museum: 27, 59
Kunstvermittlung-Österreichische Galerie Belvedere: 28 (kleines Bild), 106 (kleines Bild), 115,
Johann W. Holczabek und Adalbert Winter, Sagen und Geschichten der Stadt Wien (Wien 1894): 32
Schloss Schönbrunn Kultur- und Betriebsges. m. b. H., Foto: Gerhard Fally: 37
Österreichische Galerie Belvedere: 38/39
Wiener Staatsoper GmbH/Axel Zeininger: 42
Österr. Nationalbibliothek, Globenmuseum: 57
Siemens Forum Wien/Hans Ringhofer: 58
Technisches Museum Wien: 60, 155
www.oeft.at: 89
Fotos Kletterzentrum ÖAV: 97
Segelschule Hofbauer: 100
© KunstHausWien: 110, 111
KinderLiteraturHaus: 113, 129
Haus der Musik: 116
Kunstvermittlung Secession: 122
Kindertheatermuseum: 123
Dschungel Wien, Theaterhaus f. junges Publikum: 124
Wiener Urania-Puppentheater: 125
Foto Hofstadler: 127
Kinderoper Papageno: 130
WienXtra-spielebox: 142
www.bogipark.at: 143

ISBN-10: 3-85431-398-5
ISBN-13: 978-3-85431-398-4

Pichler Verlag im Internet: www.pichlerverlag.at

Umschlag- und Buchgestaltung: Bruno Wegscheider
Lektorat: Georg Loidolt
Reproduktion: Pixelstorm, Wien
Druck und Bindung: Dimograf, Bielsko-Biala, Polen

Inhalt

Hinweis: Dieser Erlebnis-Stadtführer erhebt keinen Anspruch auf Vollständigkeit. Wien ist nicht nur anders, sondern auch riesengroß und die Angebote erweitern sich ständig. Bevor ihr also einen Ausflug da oder dorthin plant, vergewissert euch bitte noch einmal im Internet oder telefonisch über Öffnungszeiten oder angebotene Führungen.

Redaktionsschluss dieser Ausgabe: Jänner 2006

So fing alles an:

Leopoldine und Franz-Ferdinand gehen zum Bürgermeister

„Herr Bürgermeister, da draußen stehen eine Ratte mit Matte und eine Taube mit Haube. Sie sagen, dass sie unbedingt mit Ihnen sprechen müssen. Sie haben etwas von Erlebnis-Stadtführungen für Kinder erwähnt. Höchst seltsam. Soll ich die beiden lieber wieder wegschicken?" Die Sekretärin des Wiener Bürgermeisters ist sichtlich erstaunt über den ungewöhnlichen Besuch von Ratte Franz-Ferdinand und Taube Leopoldine.

„Hhkhmm", räuspert sich der Bürgermeister und schüttelt heftig den Kopf. „Nein, nein, lassen Sie die beiden ruhig herein! Es sind schon weitaus seltsamere Dinge passiert."

Leopoldine, genannt Poldi, und Franz-Ferdinand, nur manchmal – wenn er in sein Superheldenkostüm schlüpft – FF (sprich: Effeff) gerufen, sind so wienerisch wie der Walzer. Poldi kommt aus einem guten Taubenschlag aus dem 2. Wiener Gemeindebezirk, der Leopoldstadt. Ihre Verwandtschaft ist weit verzweigt. Als Flugkünstlerin behält sie im Großstadtdschungel immer den Überblick aus der Luft. Ob Kahlenberg oder Laaerberg, ob Sofienalpe oder Bisamberg, ob Zentrum oder äußerer Bezirk, Poldi kennt sich da unten aus.

Ihr Freund Franz-Ferdinand hat Verwandte auf der ganzen Welt – was in Wien nicht ungewöhnlich ist. Schließlich kommen die Menschen hier aus den unterschiedlichsten Kulturen und sprechen viele verschiedene Sprachen. Bunt ist es in Wien, weil Wien in einigen Belangen eine Weltstadt ist. Und Franz-Ferdinand ist eben auch so ein „echter" Wiener. Er wohnt beim Donaukanal, gleich in der Nähe vom Schwedenplatz (dort gibt's übrigens super Eis!). Keiner weiß so gut Bescheid im wenig bekannten, geheimnisvollen, unterirdischen Wien wie er. Als Ratte ist Franz-Ferdinand gut zu Fuß und kennt die versteckten Gänge und verborgenen Winkel dieser Stadt am besten.

Weil die beiden Freunde sind, unternehmen sie oft gemeinsame Streifzüge durch Wien. Meistens darf Franz-Ferdinand mit Poldi mitfliegen. Die Luft da oben scheint ihm manchmal zu Kopf zu steigen, vielleicht kommen daher seine seltsamen, immer wiederkehrenden Anwandlungen,

er sei ein Superheld, der fliegen kann ... Die Taube und ihr Freund sind echte Jäger und Sammler, sie bewahren jede Erinnerung, jeden Fetzen Papier, jedes Bild in einer großen Mappe auf. Beim gemeinsamen Durchstöbern ihrer Wien-Mappe kommt Leopoldine plötzlich *die* Idee: „Da drin stehen so viele schöne Sachen, die jedes Kind, das Wien besucht, erleben sollte. Franz-Ferdinand, wir werden Stadtführer für Kinder!"
„Meinst wirklich?", fragt die Ratte ungläubig.
„Na sicher! Wir lieben diese Stadt, wir lieben Menschen-Kinder, wir sind selber Kinder, das ist genau die richtige Aufgabe für uns", begeistert sich Poldi weiter für ihre Idee.
Franz-Ferdinand ist schließlich einverstanden und so klopfen die beiden also im Rathaus an die Tür des Bürgermeisters. Es muss schließlich alles seine Ordnung haben in dieser Stadt. „Bei den Menschen muss immer ein Stempel vom Amt drauf sein, dann gilt's", hat Franz-Ferdinands Urgroßvater Gilbert, der direkt im Kellerarchiv eines Bezirksamts wohnte, immer gesagt. Und dieser Stempel „städtisch und bürgermeisterlich geprüfter Stadtführer" muss jetzt her.

Die Herzen schlagen beiden beim Anblick des wunderschönen, großen Bürgermeisterbüros zwar bis zum Hals, schließlich wagen es Poldi und Franz-Ferdinand aber doch und treten ein. Nicht zuletzt deshalb, weil sie aus dem Internet *(www.worldmayor.com)* erfahren haben, dass der Wiener Bürgermeister bei der Weltbürgermeisterwahl den sensationellen 6. Platz belegt hat und daher einfach extrem freundlich sein muss. Ihre Wien-Mappe haben sie fest unter den Arm geklemmt.

Poldi findet als Erste die Sprache wieder: „Lieber Herr Bürgermeister wir haben eine GROSSARTIGE Idee. Wir wollen den Kindern Wien zeigen, wie es heute ist und wie es früher einmal war. Die Stadt ist manchmal so laut und stinkig und dann wieder ganz grün und leise. Das wollen wir alles herzeigen. Die Spielplätze, die Museen, die Donau, den Wald, die Tiere und die Feste, die hier gefeiert werden."
Franz-Ferdinand fährt fort: „Wir haben hier in dieser Mappe alles gesammelt, was uns Kindern an Wien so gefällt. Wir haben Fotos, wir haben Geschichten, wir haben Sagen, wir haben ganz neue Neuigkeiten und ur-uralte Geheimnisse. Alles hier in dieser Mappe."
„In acht Kapiteln. Geordnet!", ergänzt Poldi.

Der Bürgermeister zaubert sein freundlichstes Grinsen ins Gesicht und sagt mit tiefer Stimme durch seinen Oberlippenbart hindurch: „Also, das schau' ich mir natürlich sehr, sehr gerne an. Weil das freut mich ja ganz besonders, dass ihr euch so viele Gedanken um unsere schöne Stadt macht. Am besten ihr zeigt mir eure Mappe ganz genau."

Mit diesen Worten setzt er sich an den Schreibtisch und drückt eine Taste auf seinem Telefon und sagt zu seiner Sekretärin: „Bitte in der nächsten Zeit keine Anrufe durchstellen. Ich hab' hier eine wichtige Sitzung. Danke schön!"

Wie Wien funktioniert

Was dich hier erwartet:

- ☞ **Wien-Zahlen, Wien-Daten, Wien-Fakten**
- ☞ **So wirst du Kinderpolizist!**
- ☞ **Hilfe es brennt: Wien und seine Feuerwehr!**
- ☞ **Schiffer und Fischer in Wien**
- ☞ **Monster in der Unterwelt – Wiens Kanalnetz**

Franz-Ferdinand: „Wir schreiben das Jahr 2412. In Wien gibt es keine Autos mehr. Durch die Stadt fließt lautloser, umweltfreundlicher, abgasfreier Flugverkehr. Flug-Scooter schweben durch die Gassen. Nachgetankt wird bei Biotonnen, mit ganz normalem Biomüll. Dazu verfügt die Stadt über ein Teletransportations-System. Jeder kann sich an den ehemaligen U-Bahn-Stationen, die jetzt B-Stationen heißen, beamen lassen. Sich von einem Ort zum anderen „strahlen" zu lassen, ist eine ganz alltägliche Technik geworden. Teletransportation heißt das und wurde vor über 400 Jahren hier in Wien das erste Mal – damals nur mit ganz winzig kleinen Teilchen – gemacht. Und ich, der Superheld Effeff, sorge hier in der Stadt dafür, dass sich alle an die Flug- und Beam-Regeln im dichten Verkehr halten."

Poldi: „Bitte, Franz-Ferdinand! Lass doch die Kinder in Ruhe mit diesem Quargel. Wir wollten ihnen doch erzählen, wie Wien HEUTE funktioniert. Schon vergessen?"

Franz-Ferdinand: „'Tschuldige! Immer wenn ich in mein Superheldenkostüm schlüpfe, geht die Phantasie mit mir durch ..."

Wien: Zahlen, Daten, Fakten

1,6 Millionen Menschen leben in Wien. Das heißt, fast jeder Fünfte, dem du in Österreich begegnest, lebt statistisch gesehen in der Hauptstadt. Mit 415 Quadratkilometern ist Wien das kleinste und das am dichtesten besiedelte Bundesland (ca. 3700 Einwohner pro km^2). In Wien gibt es aber nicht nur viele Menschen und viele Häuser. Es gibt auch große Hügel (Hermannskogel, 542 Meter Seehöhe), Ackerland, Weinberge, Obst- und Gemüsegärten, Wald, Wiesen und, nicht zu vergessen, die wunderbaren Donau-Auen. In Wien geht übrigens ständig der Wind. Deshalb ist auch die Wiener Luftqualität für eine Stadt in dieser Größe recht gut. Ganz wichtig: Fast an jeder Ecke findest du Spielplätze. Ganz genau sind 0,47 Prozent der gesamten Stadtfläche den Kindern als Spielplatz gewidmet. Damit ist Wien die Nummer 1 in Österreich.

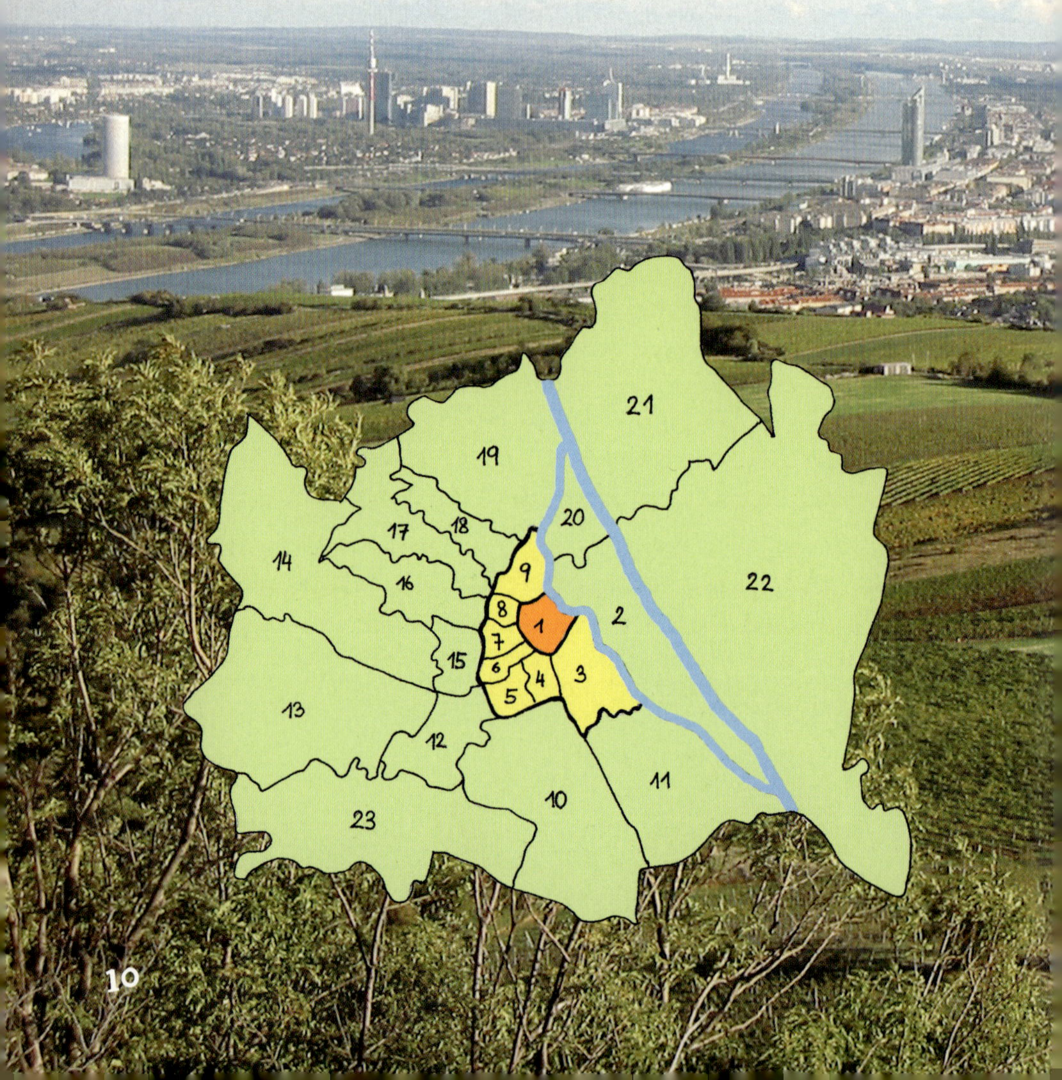

Wien hat 23 Bezirke. Der 1. Wiener Gemeindebezirk heißt **Innere Stadt** und umfasst das gesamte Zentrum innerhalb der **Ringstraße.** Im Kreis um ihn herum liegen die **Innenbezirke 2 bis 9,** die ihrerseits vom so genannten **Gürtel** – das ist eine laute, stinkige, große Straße – umgeben werden. Und um diesen „Gürtel" herum schließen sich wieder kreisförmig die **Außenbezirke 10 bis 23** an.
Du kannst dich in Wien so gut wie gar nicht verlaufen. Auf jedem der **blauen Straßenschilder** findest du die Nummer des jeweiligen Bezirks.

1 Innere Stadt
2 Leopoldstadt
3 Landstraße
4 Wieden
5 Margareten
6 Mariahilf
7 Neubau
8 Josefstadt
9 Alsergrund
10 Favoriten
11 Simmering
12 Meidling
13 Hietzing
14 Penzing
15 Rudolfsheim-Fünfhaus
16 Ottakring
17 Hernals
18 Währing
19 Döbling
20 Brigittenau
21 Floridsdorf
22 Donaustadt
23 Liesing

Unsere Tipps für eine Reise durchs moderne Wien

So wirst du Kinderpolizist!

Wenn du zwischen 5 und 12 Jahren alt bist, kannst du dich ganz einfach um den **Kinderpolizei-Ausweis** bewerben. Wenn du ihn bekommst, bist du Inspektor! Du musst natürlich einige Fragen beantworten können und dich auch an die Regeln halten.

Als Kinderpolizist darfst du alle Polizisten mit „du" ansprechen und du bist ...

- **stark gegen „falsche Onkels"**
- **stark im Straßenverkehr**
- **stark gegen Gefahren**
- **stark in Streitsituationen**

Schau auf die Homepage: **www.kinderpolizei.at.** Hier findest du alle Informationen zu dieser Aktion der Wiener Polizei (**Tel.:** 531 26-2305)

Kinderpolizeiwachzimmer mit Schulverkehrsgärten:
2. Bezirk, Prater Hauptallee, **Tel.:** 313 10-41 700
21. Bezirk, Tetmajergasse, **Tel.:** 313 10-64 700

Minopolis – Stadt für Kinder

22. Bezirk, Wagramer Straße 2 im Cineplexx
www.minopolis.at
Tel.: 0810 970 270
Öffnungszeiten: Dienstag bis Freitag: 14–19 Uhr, Sa, So, Feiertag: 10–19 Uhr
U1 Donauinsel oder Kaisermühlen VIC
Eintritt: 12 Euro, Erwachsene zahlen die Hälfte, Spezialpreise für Großfamilien, Kindergarten- und Schulgruppen.

Die Welt der Erwachsenen ist manchmal schwer zu begreifen. Wer erfahren will, was die Großen den ganzen Tag so treiben, kann hier möglicherweise einen kleinen Einblick in ihre Welt bekommen. Da geht's viel um bunte, meist recht eigenartige Sachen, die man, wenn man genau darüber nachdenkt, eigentlich gar nicht braucht, die man aber trotzdem haben will, weil man sie schon einmal in der Werbung gesehen hat und deshalb immer schon haben wollte. Diese Dinge kann man sich aber nur dann leisten, wenn man genügend Geld verdient. Und deshalb müssen die Erwachsenen so viel arbeiten. Friseur, Bäcker, Feuerwehrmann, Polizist, Kanalarbeiter, Arzt, Müllmann – in diesem riesigen Gelände kannst du alle möglichen Berufe ausprobieren und du bekommst dafür Eurolinos, das ist die gültige Währung in Minopolis. Du kannst Autos mieten, musst vorher aber den Führerschein machen. Und wenn dir die Eurolinos ausgehen, suchst du dir wieder eine neue Arbeit beim Mini-Arbeitsmarktservice.

Unser Tipp:
Besuch das Fernsehstudio und dreh deinen eigenen Film!

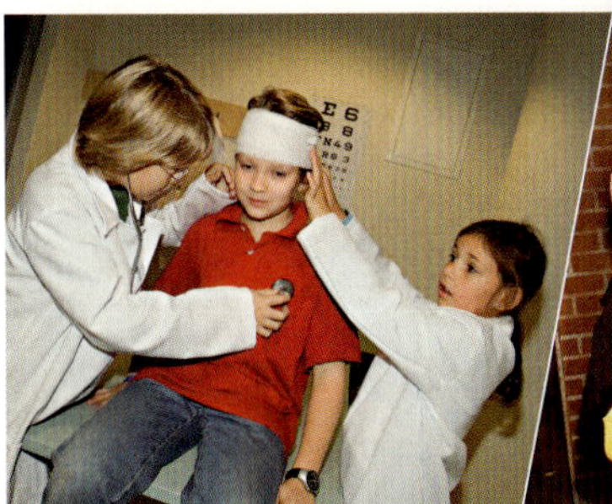

Wien Energie Haus

6. Bezirk, Mariahilfer Straße 63
www.wienenergie.at · haus@wienenergie.at
Tel.: 582 00
Öffnungszeiten: Mo bis Mi 9–18 Uhr,
Langer Donnerstag: 9–20 Uhr, Freitag 9–15 Uhr
U3 Neubaugasse, **Bus 13A** und **14A**

Begleite die **Energie** auf ihrer langen Reise **vom Kraftwerk bis in die Glühbirne.** 18 Stationen sind für dich vorbereitet, und du erfährst alles, was du schon immer über Strom wissen wolltest. Die freundlichen Menschen dort kannst du mit deinen Fragen löchern und außerdem geben sie dir und deinen Eltern gute Tipps zum Energiesparen.

Schifffahrtszentrum Wien

2. Bezirk, Reichsbrücke/Handelskai 265
www.donauraum.at · www.wienerhafen.com

Die **Donaudampfschifffahrtsgesellschaft (DDSG)** ist nicht nur ein langes, lustiges Wort – ein Besuch dort lohnt sich. Riesige Passagierschiffe liegen dort vor Anker. 150.000 Passagiere aus aller Welt landen jährlich in diesem Hafen. Die Donau ist heute noch ein wichtiger Handels- und Verkehrsweg: Die **Wasserstraße Rhein–Main–Donau** verbindet die Nordsee mit dem Schwarzen Meer. Und wenn du sehen willst, wie es in einem richtigen Frachthafen zugeht, musst du in den Wiener Prater (2. Bezirk, Seitenhafenstraße 15). Dort kommst du auf einem Radweg Richtung Prater-Spitz an diesem imposanten Hafen vorbei. Am besten du verbindest diesen Ausflug gleich mit einer Besichtigung des daneben liegenden **Donaukraftwerks Freudenau.**

Die größte jemals in Österreich transportierte Turbine wird gehoben.

Donaukraftwerk Freudenau

2. Bezirk, Am Praterspitz (Freudenauer Hafenstraße bei der Freudenauer Hafenbrücke)
www.verbund.at · stromhaus@verbund.at
Tel.: 53 113-50221
U3 Schlachthausgasse, **Bus 80B**
Öffnungszeiten: Februar bis November, Montag bis Freitag: 9–12 Uhr, Sonntag, Feiertag: 10–17 Uhr
Führungen ohne Voranmeldung: Sonn- und Feiertag: 14 Uhr
Eintritt: unter 6 frei, bis 19 Jahre 2 Euro, Erwachsene 5 Euro

Es ist das jüngste Donaukraftwerk und es ist so schön, oben auf der Staumauer zu stehen und hinunter auf den breiten Strom, die wunderbare Donau, zu schauen. In der Nähe steht gleich ein großes Windrad mit dem passenden Namen **Donauwind.** Im **Stromhaus** gibt es eine Multimedia-Schau und ein tropfenförmiges Kino. Die Führung durch das Kraftwerk Freudenau ist äußerst spannend. Du erlebst hautnah das Dröhnen der Maschinen und die Kraft des Wassers, die hier in elektrische Energie umgesetzt wird – übrigens so viel, dass damit die Hälfte aller Wiener Privathaushalte versorgt werden kann.

Schiffer und Fischer in Wien

Die **Donau** ist mit 2850 km der **zweitlängste Fluss Europas** (nach der Wolga). Auf 350 Kilometern fließt die Donau heute durch Österreich. Zu allen Zeiten war die Donau ein wichtiger Verkehrs- und Handelsweg. Die Schiffer hatten mit den tödlichen Tücken des geschlungenen, wilden Flusses zu kämpfen: Stromschnellen, Sandbänke, Hochwasser. Jahrhundertelang durften Flößer und Schiffer auf der Donau bei Androhung von harten Strafen nicht schwimmen lernen. Sie sollten nämlich im Notfall nicht von Bord gehen können. Die Menschen, die mit dem Fluss lebten und von ihm abhängig waren, hatten kein leichtes Leben. Es war eine harte und gefährliche Arbeit, der Tod war ein ständiger Begleiter. Daher waren die Schiffer und Fischer tiefgläubige Menschen. Unzählige Marterln und Kirchen am Donauufer bezeugen das heute noch. Und wenn wieder einmal ein Fischer verschwand, erzählten sich die Menschen damals die **Sage vom Donauweibchen,** das tief unten am Grund des Flusses hauste. Dieses Donauweibchen holte sich den Fischer, weil der sich in es verliebt hatte und er lebte fortan mit ihm in seinem nassen Reich.

Hilfe es brennt: Wien und seine Feuerwehr

Die Römer hatten vor über 1900 Jahren in ihrem Lager **Vindobona** schon eine organisierte Feuerwehrtruppe. 140 Männer, die Römer sagten *vigiles* dazu, waren mit Löschdecken und Hacken bewaffnet, um das Feuer zu bekämpfen. Im Mittelalter hat es in Wien oft gebrannt. Viele Häuser waren nämlich aus Holz und mit Stroh gedeckt, Feuerwehr gab es keine. Nur mein Namensvetter, Babenbergerherzog Leopold VI., drohte demjenigen mit harten Strafen, aus dessen Haus Flammen schlagen würden. Das half dann aber auch nur mehr recht wenig. Eine Zeit lang wurden Handwerker zum Löschen eingeteilt, dann gab es einen Wachdienst oben in der Türmerstube des Stephansdoms. Weil der von ganz oben (in 83 m Höhe!) den besten Ausblick hatte. Wenn der Türmer irgendwo einen Brand entdeckte, läutete er die so genannte Feuerglocke. Dann rückten die Wiener Feuerknechte aus. Diesen Aussichtsposten gab es noch vor 50 Jahren.

Heute steht die **Zentralfeuerwache** mitten in Wien, auf dem Platz Am Hof, übrigens direkt auf den Mauerüberresten des Römerlagers Vindobona. Du kannst dort also nicht nur die modernen Einsatzfahrzeuge der Feuerwehr bestaunen, sondern auch die fast 2000 Jahre alten Römermauern. Und außerdem kannst du dir auch die alten roten Feuerwehrautos im Feuerwehrmuseum anschauen.

Feuerwehrmuseum

1.Bezirk, Am Hof 7
Tel.: 531 99-51444
Öffnungszeiten:
Sonn- und Feiertags 9–12 Uhr
oder gegen Voranmeldung.
Eintritt: frei

Monster in der Unterwelt – Wiens Kanalnetz

Wieder hatten hier die Römer im Jahr 100, also vor über 1900 Jahren, die Nase vorne, was technische Errungenschaften betrifft. Schon im Soldatenlager Vindobona gab es ein modernes Kanalsystem. Sie verwendeten sogar Rohre aus gebranntem Ton. Im 4. Jahrhundert, als die so genannte Völkerwanderung begann, geriet die Technik der Römer in Vergessenheit.
Im Mittelalter war Wien eine stinkende, dampfende Stadt, in welcher der Hausmüll einfach auf die Straße oder in den nächsten Bach gekippt wurde. Nur heftiger Regen und Überschwemmungen halfen, den übel riechenden Dreck von Zeit zu Zeit wegzuspülen. Wohl wegen dieser Gerüche gab es daher in Wien auch so eigenartige Straßennamen wie Kotgasse (heute heißt sie übrigens Blutgasse und du findest sie gleich um die Ecke hinterm Stephansdom). Kein Wunder, dass das Trinkwasser oft durch den vielen Schmutz verseucht war und die Menschen krank machte. Viele starben sogar daran. Eine uralte Sage über ein stinkendes Monster namens **Basilisk** (du findest ein Bild von ihm und eine Inschrift an der Hausmauer der Schönlaterngasse 7) spiegelt diese Angst vor tödlichem Wasser wider. Die Menschen wussten noch nichts über unsichtbare Bakterien und Viren, die einen Menschen töten können. Daher erzählten sie sich wohl solche Geschichten von Ungeheuern, die den Tod brachten. Dieser hoch giftige Basilisk – eine kuriose Mischung aus Kröte, Hahn und Drache – lebte nämlich angeblich in einem Brunnen und jeder, der ihn sah, fiel sofort tot um. Ein Bäckergeselle war dann so mutig und stieg in den gefährlichen Brunnen. Er hatte einen Spiegel bei sich, und als sich das Monster selbst darin sah, zerplatzte es. So hässlich war es.

Es dauerte hunderte von Jahren, bis Wien und seine Umgebung schließlich doch mit einem funktionierenden Kanalsystem ausgestattet waren. 1830 wurde mit dem Bau der großen Sammelkanäle begonnen. Bis auf den heutigen Tag wurde das Netz ständig erweitert und durch moderne Kläranlagen ergänzt. Das Wiener Kanalnetz ist heute 2300 Kilometer lang, das entspricht der Strecke Wien–Moskau. Durch dieses Netz fließen 220 Millionen Kubikmeter Wasser. Das Netz der Hauskanäle ist 6300 Kilometer lang. Täglich fließen Millionen von Litern sauberen Quellwassers von den niederösterreichisch-steirischen Kalkalpen nach Wien. Nach Gebrauch rinnt das Wasser in den Kanal und von dort weiter zur Kläranlage, wo es wieder gereinigt wird. Allein in der **Hauptkläranlage Simmering** werden 7000 Liter Abwasser pro Sekunde gereinigt!

Unser Tipp:
Schau auf die gelungene Stadt-Homepage **www.eule-wien.at.**
Dort findest du unter dem Link „Wasser und Abwasser" die aktuellen Aktionen (z. B.: „Kanal-Kasperl", Infos unter Tel.: **795 14-93084** oder E-Mail: **gen@m30.magwien.gv.at,** „Wiener Untergrund", Infos unter Tel.: **4000-3033,** E-Mail: **gen@m30.magwien.gv.at**) zu diesem Thema.

Wiener Wasserschule beim Wasserturm

10. Bezirk, Windtenstraße 3 (Eingang Ecke Triester Straße)
www.wienwasser.at
Tel.: 599 59-31077
Öffnungszeiten: an Schultagen (Montag bis Freitag) jeweils von 8–13 Uhr
Straßenbahnlinie 65 bis Windtenstraße

Alles, was du schon immer über Wasser wissen wolltest – in dieser Wasserschule darfst du alles selbst entdecken. Außerdem kannst du auch nach Vereinbarung (Tel. 599 59-31070) durch den riesigen **Wasserturm Favoriten** geführt werden. Auf einer 203 Meter langen Rampe kletterst du den 67 Meter hohen Turm empor. Ein wunderschöner Blick vom höchsten Punkt des Wienerbergs auf Wien!

Die Wiener Müllabfuhr – so kannst du helfen!

Zum Glück sind die Zeiten längst vorbei, als die Wiener ihren Mist einfach auf die Straße gekippt haben. Heute gibt es Mülltonnen für Papier, Restmüll, Plastik, Metall und viele Sammelstellen für Problemstoffe. Und selbstverständlich kommen die orangen Mülltransporter regelmäßig, um die Tonnen auszuleeren und den Mist wegzubringen. Dennoch produziert Wien einfach zu viel Mist: **100.000 Tonnen** im Jahr zu viel! Damit könnten wir 8 Fußballfelder einen Meter hoch mit Müll bedecken oder in Müllautos gepackt ergäbe das eine Lastwagen-Schlange von Wien bis zum Semmering! Die beiden **Müllverbrennungsanlagen** in Wien (Spittelau und Flötzersteig) können diese Mengen an Müll nicht verbrennen und in Fernwärme und Strom verwandeln. Daher müssen wir helfen, den Mistberg kleiner zu machen! Wie? Hier sind unsere 5 Tipps – wenn du noch mehr dazu wissen willst, wähle die Nummer vom **Misttelefon: 546 48.**

Naturspielzeug statt Plastikspielzeug: Holz und Naturfasern halten länger, Plastikspielzeug wird schnell kaputt und die Batterien und Akkus werden leer und sind gefährlicher Sondermüll!

Reparieren statt wegwerfen: Bestell den kostenlosen Reparaturführer unter der Misttelefonnummer!

Ausleihen und tauschen statt kaufen und wegwerfen: Deine Freunde haben bestimmt viel Spielzeug und andere Dinge, die du dir ausleihen kannst, und du hast bestimmt einiges im Tausch dafür anzubieten.

Spenden statt wegwerfen: Dinge, die du nicht mehr benötigst, die aber noch voll funktionstüchtig sind, können vielleicht andere, die nicht so viel haben wie du, recht gut gebrauchen. Bring altes Gewand oder Spielzeug doch zu den Sammelcontainern von Caritas und Co.

Flasche statt Dose, Mehrweg statt Einweg: Achte bei deinen Einkäufen darauf, dass du Verpackungsmaterial nimmst, das wieder verwendet werden kann!

Unser Tipp für Kindergärten und Schulen: Entweder kommt der **Müllkasperl** zu euch in die Gruppe und erklärt euch alles zum Thema Müll oder ihr nehmt mit eurer Klasse bei der jährlichen Mistmeisterschaft teil. Jeweils im Sommersemester findet ein Spielwettbewerb statt, bei dem verschiedene, natürlich noch streng geheime Aufgaben von den Klassen zu lösen sind. Gespielt wird in Vorrunden und bei einer großen Schlussveranstaltung auf den Wiener „Mistmeister" warten tolle Preise! Weitere Infos zu Müllkasperl, Mistmeisterschaft, mobiler Abfallberatung und anderen Schulaktionen unter der Telefonnummer **588 17-96073** oder per E-Mail: **post@m48.magwien.gv.at.**

Das größte Krankenhaus Österreichs

Wir hoffen zwar, dass wir da niemals reinmüssen, aber dass wir sie haben, ist eine gute Sache – die Krankenhäuser. **Das Allgemeine Krankenhaus Wien,** kurz **AKH** genannt, ist das größte in Österreich und du kannst es ganz leicht mit der U6, Station Währinger Gürtel, erreichen. Es hat 2200 Betten, 42.000 medizinisch-technische Anlagen und Geräte sowie 51 Operationssäle, in denen fast 51.000 Operationen pro Jahr stattfinden. 9600 Menschen arbeiten hier, 90.000 Patienten werden hier pro Jahr gepflegt, 4000 Besucher kommen pro Tag. Außerdem werden hier drin auch zukünftige Ärztinnen und Ärzte ausgebildet: Es gibt 37 verschiedene Universitätskliniken und Institute in diesem Gebäude. Wenn du mehr über das AKH wissen willst: **www.akhwien.at.** Und der Supermarkt im AKH hat übrigens auch sonntags geöffnet.

Briefzentrum Wien

Uns Tauben liegt das Zustellen von Briefen angeblich im Blut. Ich hab' aber noch nie als Brieftaube gearbeitet und in meiner Familie gibt es auch keine Zusteller mehr. Das macht die Post doch schon längst viel schneller. Hier im Briefzentrum Wien arbeiten 1200 Menschen auf 30.000 Quadratmetern, um täglich hunderttausende Briefe so zu sortieren, dass sie möglichst schnell beim Empfänger ankommen. Und die sind wirklich schnell! Wenn du heute hier in Wien einen Brief aufgibst, wird er meist schon am nächsten Tag, egal wo in Österreich, zugestellt.

Unser Tipp für die Schule:
Informationen zum Briefzentrum unter **515 51-32010.** Außerdem gibt es unter **www.post.at** jede Menge Downloads zum Thema Post.

ORF-Zentrum: Hinter den Fernseh-Kulissen

13. Bezirk, Würzburggasse 30
backstage.orf.at
Tel.: 877 99 99
U4 bis Hietzing, dann **Autobus 58B** bis ORF-Zentrum (Autobus 58B fährt nicht am Wochenende) oder **Schnellbahnen 1, 2, 3, 15, U6** bis Philadelphiabrücke-Meidling, dann **Autobus 8A** bis ORF Zentrum.
Führungen: Kinder 3–4 Euro, Erwachsene 7–10 Euro

Das ist bestimmt besser als Fernsehen! Schau dir an, wie im **ORF (Österreichischer Rundfunk)** Fernsehen gemacht wird. Bei den Führungen auf dem Wiener Küniglberg gibt's Fernsehen zum Anfassen: Erlebnisstudio, Blue Box, Confetti-Corner, Multimedia-Station, Newsroom-Cockpit, Highlight-Konsole, TV-Museum. Im Erlebnisstudio kannst du in der Blue Box fliegen lernen und filmst selbst mit einer Studiokamera. Genauso spannend ist die Führung durchs **ORF-Funkhaus** (4. Bezirk, Argentinierstraße 30a, **U1** Taubstummengasse, **Straßenbahnlinie D** Plößlgasse). Hier kannst du erleben, wie Radio gemacht wird, und selbst Radio machen.

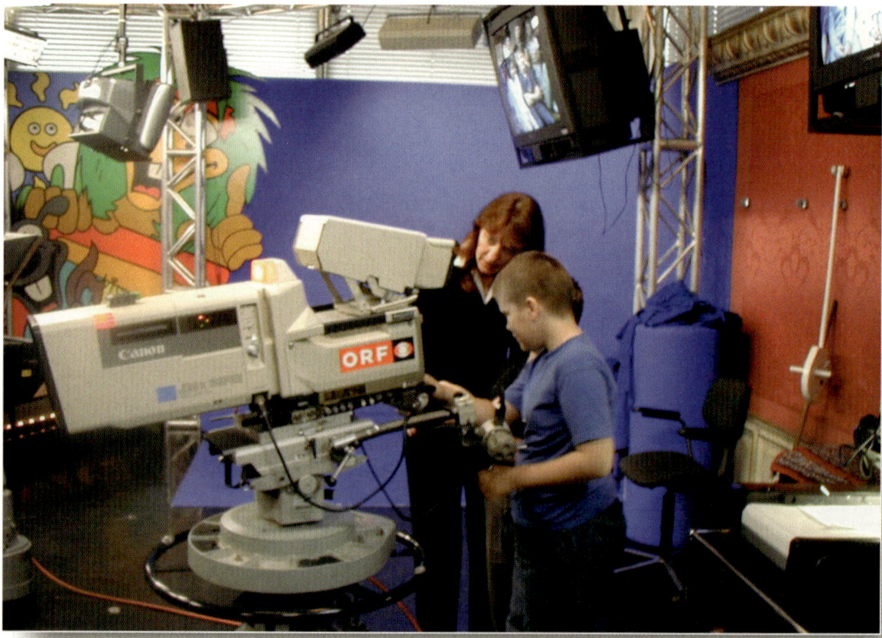

Der Wiener Maulwurf und die U-Bahn

Die Stadt ist durch die U-Bahn viel schöner und lebenswerter geworden. Es gibt bislang fünf U-Bahnlinien: die U1, U2, U3, U4 und die U6. Nein, nicht die U5, die ist zwar schon seit vielen Jahren fertig geplant, aber noch nicht gebaut. Das soll noch kommen. Vor 35 Jahren begann man damit, die ganze Stadt mit dem **Wiener Maulwurf** zu untergraben. Das ist natürlich kein richtiger Maulwurf, sondern eine so genannte Schildvortriebsmaschine. Diese spezielle Riesen-Bohrungsmaschine hat man extra für die Wiener U-Bahn erfunden. Und die Maschine wird seither auch in

vielen anderen Städten zum U-Bahnbau verwendet. Mit der U-Bahn bist du am schnellsten und saubersten in Wien unterwegs. In den U-Bahnröhren gibt es keinen Stau, die U-Bahn fährt mit elektrischem Strom und braucht daher keinen Auspuff für stinkende Abgase.

Du kannst dich schnell selber zurechtfinden: Jede Strecke hat eine eigene Farbe, jede Station ist gekennzeichnet und wird auch im Wagon von einer blechernen Stimme angesagt, daher weißt du auch unter der Erde immer, wo du gerade bist. Wenn du Glück hast, fährst du mit dem freundlichsten U-Bahn-Chauffeur Wiens. Er begrüßt seine Fahrgäste über die Lautsprecher wie ein Kapitän an Bord eines Flugzeugs. Damit zaubert er meist auch noch dem grantigsten Fahrgast ein Lächeln ins Gesicht.

Mehr Infos:

www.wienerlinien.at · schule.vienna.at/gt

Diese Homepage bietet Material für Kindergärten und Schulen zum Thema öffentlicher Verkehr in Wien und das Anmeldeformular für den jährlichen Schulwettbewerb „Goldene Tramway", an dem du und deine Mitschüler teilnehmen könnt.

Das Wiener Straßenbahnmuseum

3. Bezirk, Erdbergstraße 109, Ludwig-Kößler-Platz (nahe der Stadionbrücke)
www.wienerlinien.at · www.tram.at
www.wiener-tramwaymuseum.org
Tel.: 79 09-41800
Öffnungszeiten: von Mai bis Oktober
Sa, So und Feiertag: 9–16 Uhr
U3 Schlachthausgasse, **Straßenbahnlinie 18, Bus 77A, 80A, 83A, 84A**
Eintritt:
für Kinder frei, Erwachsene 2 €

Hier steht das gesamte Gelände der ehemaligen Straßenbahnremise (die Garage für Straßenbahnen) Erdberg als Ausstellungsgelände zur Verfügung. Auf insgesamt 7500 Quadratmetern werden 94 Fahrzeuge von der Pferde- über die Dampftramway bis hin zu elektrischen Stadtbahn- und Straßenbahnzügen präsentiert. Und alle diese Gefährte funktionieren noch und spucken kräftig Dampf und machen viel Krach.

Unser Spezialtipp: Die Wien-Rundfahrt mit der Oldtimer-Tramway gibt es von Mai bis Oktober, Samstag um 11.30 und 13.30 Uhr, Sonn- und Feiertag um 9.30, 11.30 und 13.30 Uhr. Abfahrt am Karlsplatz beim Otto-Wagner-Pavillon (erreichbar mit U1, U2, U4, Straßenbahnlinien 1, 2, 62, 65, D, J, Bus 4A, 59A und der Lokalbahn Wien–Baden). Kostet 5 Euro für Kinder, 15 Euro für Erwachsene.
Infos und Reservierung unter der Telefonnummer 7909-100

Die erste Dampfeisenbahn in Wien

Es war eine Sensation für das Wien im so genannten Biedermeierzeitalter. Es gab keine Autos, keine Straßenbahn, nur Wagen, die von Pferden laut polternd durch die Straßen gezogen wurden, und plötzlich tauchte da ein eisernes, Dampf speiendes Ungeheuer auf. Am 13. November 1837 fuhr das erste Mal eine Dampfeisenbahn von Wien-Floridsdorf nach Deutsch-Wagram. Damals hatten die Leute noch Angst, dass ihnen durch die rasante Geschwindigkeit dieser Eisenbahn keine Luft zum Atmen bleiben würde. Dabei war so eine Dampfeisenbahn anfangs mit maximal 40 Kilometern pro Stunde unterwegs. Im Jahr 1901 erreichte eine österreichisch-ungarische Lokomotive auf einer Teststrecke bei Wien eine Spitzengeschwindigkeit von 140 km/h. Die schnellste Dampflokomotive kam aus England und schaffte im Jahr 1938 unglaubliche 201 km/h!
In Wien gibt es heute in jeder Himmelsrichtung einen größeren Bahnhof. Der Südbahnhof und der Westbahnhof sind die beiden größten. Vom Südbahnhof kommt man mit der Straßenbahn ins Zentrum, beim Westbahnhof kann man gleich in die U3 oder U6 umsteigen. Telefonische Zugauskunft rund um die Uhr unter **17 17** und mehr Informationen über das Bahnnetz unter **www.oebb.at.**
Unser Spezialtipp: Besuch doch das **Eisenbahnmuseum am Bahnhof Schwechat,** das du direkt mit der **S7** erreichst. Geöffnet ist es vom 1. Mai bis 31. Oktober jeweils Samstag, 13–18 Uhr, und Sonntag, 10–17 Uhr. Jeden letzten Sonntag des Monats stehen dort sogar die Lokomotiven unter Dampf!
Informationen unter Tel.: 368 15 10-3.

Wien entdecken als Zeitreisender

Was dich hier erwartet:

- Der Liebe Augustin und die Pest
- Als Kaiser und Könige regierten
- Die Türkenbelagerungen
- Ringstraße – eine Runde um die Innere Stadt
- Der Stephansdom

Poldi: „Wien ist eine alte Stadt mit einer laaangen Geschichte."

Franz-Ferdinand: „Bitte Poldi, erzähl die lange Geschichte ganz kurz!"

Poldi: „Gut, ich versuch's!"
Vor fast 2000 Jahren errichteten die Römer hier ein Lager und nannten es Vindobona. Als die Zeit des Römischen Reiches als Weltmacht abgelaufen war, wurde auch dieses Lager in einem Krieg zerstört. Auf den alten Römermauern wurde später eine Siedlung gebaut. Am Hof und unter dem Hohen Markt (im Keller von Hausnummer 3) kannst du dir die antiken Römermauern noch anschauen. Immer wieder zogen Menschen von nah und fern durch diese Gegend oder ließen sich hier nieder. So wurde aus der Siedlung langsam eine Stadt, die immer größer und bedeutender wurde. Schließlich war die Stadt von einer mächtigen Mauer umgeben, die Wien auch lange Zeit vor Feinden gut beschützte. Später, als Mauer und Wassergraben überflüssig wurden und die Stadt aus allen Nähten zu platzen drohte, entstand anstelle des Mauerrings eine

prächtige Straße – die Ringstraße. Bis zu diesem Zeitpunkt, als die Stadt und ihre Vororte zusammenwuchsen, war Wien längst zur Hauptstadt eines großen kaiserlich-königlichen Vielvölkerstaates namens Österreich-Ungarn aufgestiegen.

Doch nachdem sich Österreich und viele andere Königreiche und Staaten in den Ersten Weltkrieg gestürzt hatten, war die Zeit der Kaiser und Könige endgültig abgelaufen. Österreich war nun eine kleine Republik geworden, das heißt, dass dort statt eines Königs oder Kaisers nun gewählte Politiker regierten. Die Not der Menschen war nach dem Weltkrieg groß, die Menschen waren arm. In Wien entstanden damals viele Gemeindebauten, die billige Unterkunft boten. Das Leben in der Stadt sollte durch Wasseranschlüsse und eine Küche in jeder Wohnung gesünder und bequemer werden. Neben diesem armen Wien gab es für wenige Jahre noch ein zweites, reiches Wien – reich an klugen Menschen: Maler, Musiker, Ärzte, Philosophen, Literaten und Architekten lebten und arbeiteten hier – Klimt, Schiele, Kokoschka, Schönberg, Freud, Adler, Wittgenstein, Kraus, Loos …

Franz-Ferdinand: „Haaaaallo, Poldi! Du hast versprochen, eine lange Geschichte ganz kurz zu erzählen. Bitte, denk dran!"

Poldi: „Gut, gut, gut. Du weißt, immer wenn es um die schönen Künste geht, da geht die Begeisterung mit mir durch. Also weiter, ganz kurz …"

Trotz der vielen Künstler und gescheiten Leute gab es nach wie vor Armut und Ungerechtigkeit. In den Köpfen der meisten Menschen steckte noch immer der Krieg, der so viel Schmerzen verursacht hatte. Gewalt schien noch immer für viele die einzige Lösung zu sein. So kam es sogar zu einem kurzen, aber heftigen Bürgerkrieg in Österreich. In den Straßen Wiens schossen die Menschen aufeinander. Die Erste Republik wurde auf diese Weise gewaltsam zerstört. Es kam aber noch schlimmer. Deutschland zettelte mit seinem selbst ernannten „Führer" Adolf Hitler den Zweiten Weltkrieg an. Und Österreich war als „Ostmark" ein Teil dieses nationalsozialistischen „Großdeutschen Reiches" geworden. Millionen

Menschen starben in diesem grauenhaften Chaos. Überall gab es Not, Tod und Zerstörung. Als der Krieg endlich vorbei war, wurde das kaputte Wien wieder aufgebaut. Durch viel Zusammenarbeit und Hilfe von Menschen aus anderen Ländern wurde Österreich selbstständig und war fortan wieder eine Republik. Die Hauptstadt Wien ist heute eine moderne Metropole mitten im Zentrum Europas, in der du die Spuren der vergangenen Jahrhunderte an jeder Ecke findest.

Franz-Ferdinand: „Schon fertig, Poldi?! – Super, dann darf ich jetzt so eine Geschichte aus dem alten Wien wiedergeben, die mir mein Opa immer erzählt hat!"

O du lieber Augustin

Vor über 300 Jahren waren in Wien umherziehende Sänger sehr beliebt. Sie unterhielten die Leute und brachten die neuesten Nachrichten und Gerüchte mit. Radio und Fernseher waren ja noch lange nicht erfunden, genauso wenig Computer, Internet, CDs oder Kassetten. Daher wurde damals viel selbst musiziert. Einer der beliebtesten Volkssänger im alten Wien soll der Liebe Augustin gewesen sein. Er war ein echter Star, der in den größten und besten Wirtshäusern auftrat. Wo Augustin seine Lieder spielte und seine lustigen Geschichten erzählte, dort konnte der Wirt mit fetten Einnahmen rechnen. Denn die Gaststube war immer voll, wenn der liebe Augustin seinen Dudelsack auspackte.
Anders wurde das freilich im Pestjahr 1679, als die Seuche ganz Wien in Angst und Schrecken versetzte. Man hörte in Wien nur mehr ein Lied singen, nämlich das Lied vom Sterben: Dieser ist gestorben, dieser stirbt und jener wird bald sterben. In der Stadt waren die Lazarette voll, viele Häuser mussten zugesperrt werden. Um die Stadt herum waren alle Weingärten, die Gassen und Straßen mit Toten und Kranken angefüllt. Es gab nicht einmal genug gesunde Leute, um die Leichen zu bestatten.

In dieser schrecklichen Zeit sitzt Augustin traurig bei seinem Wirt, der ihn nicht vergessen hat. Aus Dankbarkeit dafür, dass dieser hier immer für großen Publikumsandrang sorgte, füllt der Hausherr den Becher seines letzten Gastes

immer wieder nach. Erst gegen Mitternacht torkelt Augustin sturzbetrunken aus seinem Stammlokal. Doch bald schon tragen ihn seine Füße nicht mehr, irgendwo am Wegrand legt er sich hin und schläft tief und fest ein. Die Pestknechte, deren traurige Aufgabe es ist, die vielen Toten einzusammeln und sie in Massengräbern – so genannten Pestgruben – zu bestatten, finden den scheinbar leblosen Augustin. „Jessasmariaundjosef!", ruft einer der Arbeiter erschrocken und schlägt dreimal ganz rasch das Kreuzzeichen. „Des is' jo der Augustin! Wenn's den a scho' erwischt hat, steht die Welt auf keinen Fall mehr lang." Kopfschüttelnd legen sie den Augustin auf den Wagen und packen seinen Dudelsack dazu. Sie bringen die Fracht langsam zur Pestgrube nach St. Ulrich, wo sie hineingekippt wird. Morgens wacht Augustin mit brummendem Schädel auf. Bald merkt er, an welch gefährlichem, stinkendem Ort er sich befindet. Um ihn herum tote Menschen, junge, alte, Frauen und Kinder – alle mit schwarzblauen Pestflecken übersät. „I wü auße do!", schreit Augustin panisch. „Helft's ma, bitte, helft's ma! Hüüüüfe!!!" Aber da oben hört ihn niemand. Deshalb greift er in letzter Verzweiflung zum Dudelsack und sagt: „Wann i scho' sterben muss, dann lustig. Spü' auf, Augustin, spü' auf!" Was für ein makaberes Bild: Augustin steht in der Pestgrube und spielt sich seine Angst vom Leib. Die seltsamen Klänge locken dann doch einige Kirchgänger herbei. Sie finden den Augustin und holen ihn aus der Grube. Dass er, ohne sich anzustecken, die Nacht unter all den Toten überlebt hat, verbreitet sich rasch. Die Wiener wissen nun, dass auch die Pest nicht unbesiegbar ist.

O, du lieber Augustin

Refrain:

O, du lieber Augustin,
Augustin, Augustin,
O, du lieber Augustin,
Alles ist hin!

1. Strophe

Geld ist hin, Mädl ist hin,
Alles ist hin, Augustin!
Ach, du lieber Augustin,
Alles ist hin!

Wien und die Pest

Der schlimmste Feind der Stadt Wien waren weder das häufige Hochwasser (siehe Infokasten: Wien und die Donau, S. 62f.) noch Feuer noch Belagerungen (siehe Infokasten: Die Türkenbelagerungen, S. 38f.). Wiens schlimmster Feind war die Pest. An dieser Stelle muss ich leider zugeben, dass meine Ratten-Vorfahren hier eine traurige Rolle gespielt haben. Die Pest wurde durch Bakterien – das sind winzige Tierchen, die du nur hundertfach vergrößert unter einem Mikroskop erkennen kannst – übertragen. Damals lebten in Wien zu viele Menschen und Ratten auf zu engem Raum zusammen. Uns Ratten konnten die Pest-Bakterien nichts anhaben. Aber Flöhe übertrugen sie auf die Menschen, die dadurch krank wurden und sich wiederum gegenseitig ansteckten. Schneller als ein Lauffeuer verbreitete sich so die Pest. Innerhalb von zwei bis zehn Tagen endete die Krankheit ohne die Hilfe eines Arztes immer mit dem Tod. Und Ärzte gab es damals auch nur für die reichen Leute. Die Haut der Pestleichen war dunkel schwarzblau gefärbt – daher der Name „schwarzer Tod". Und dieser Tod kam in Wien oft zu Besuch. Kaiser Karl VI. ließ sogar aus Dankbarkeit dafür, dass die Pest endlich überstanden war, die berühmte **Karlskirche** bauen. Eine besonders verheerende Epidemie brach im Jahr 1679 (nur zwei Jahre davor hat übrigens ein niederländischer Naturforscher erstmals Bakterien mit einem selbst gebauten Mikroskop beobachtet) in Wien aus und raffte in wenigen Monaten über 10.000 Menschen dahin. Die Leichen wurden in großen Gruben vor der Stadt vergraben. Der berühmteste Überlebende dieser größten Wiener Pestepidemie war der Sage nach der **Liebe Augustin.** Er ist zwar keine historische Figur, damals wird es aber mit Sicherheit einige bei den Wienern sehr beliebte Volkssänger gegeben haben, die dann wohl zur Grundlage der Augustin-Legende wurden. Dennoch gibt es im städtischen Totenbeschauprotokoll den Eintrag über einen gewissen Augustin N., geboren 1645, gestorben 11. 3. 1685, begraben am ehemaligen Nikolaifriedhof im 3. Bezirk. Sogar ein Denkmal wurde dem Lieben Augustin im 7. Bezirk gesetzt.

Hofburg – Sitz der Kaiser

1. Bezirk, Hofburg, Eingang Michaelerkuppel
www.hofburg-wien.at
Tel.: 533 75 70-15
Öffnungszeiten: täglich 9–17 Uhr
U3 Herrengasse, **Straßenbahnlinie 1, 2, D, J**
Eintritt: Kinder 4,50 Euro, Erwachsene 7,50 Euro

Am Michaelerplatz kannst du, bevor du in die Hofburg hineingehst, einen Blick auf römische und mittelalterliche Mauern machen. Die hat man dort bei Ausgrabungsarbeiten gefunden und das Loch im Boden nicht mehr zugemacht. Die Hofburg selber ist durch Anbauten und Änderungen über 700 Jahre hinweg gewachsen. Es gibt die Alte Hofburg mit der Burgkapelle, den Schweizerhof mit der Schatzkammer, Schweizertor, Stallburg, Amalienburg, Leopoldinischem Trakt, dem Reichskanzleitrakt, der Winterreitschule und dem Michaelertrakt. Du solltest dir viel Zeit nehmen: Du kannst dort Gewänder der Kaiserin Sisi probieren, die Privatgemächer und Arbeitsräume von Kaiser Franz Joseph I. sehen. Oder du gehst hinüber ins **Lipizzanermuseum (1. Bezirk, Reitschulgasse 2, www.lipizzaner.at, Tel.: 525 24-416)** und schaust dir die wunderbaren weißen Pferde und ihre Kunststücke an. Jeden Samstag um 14.30 Uhr gibt's Kinderführungen (€ 3,60 Kinder, € 5,- Er wachsene). In der **Neuen Burg,** die den so genannten Heldenplatz mit den zwei riesigen Reiterdenkmälern halbkreisförmig umfängt, findest du die **Hofjagd- und Rüstkammer** mit unglaublichen Ritterrüstungen, das Ephesosmuseum, eine **Sammlung alter Musikinstrumente** und das **Museum für Völkerkunde.** Auch dort gibt es Kinderführungen, schau im Internet unter **www.khm.at** oder ruf **525 24-484** an. Außerdem ist die **Nationalbibliothek** hier untergebracht. Lass dir den wunderbaren Prunksaal nicht entgehen! Schöner kann Lesen nicht sein.

Als Kaiser und Könige regierten

Vor 800 Jahren bekam Wien eine Stadtmauer und hatte damit alles, was eine mittelalterliche Stadt eben so brauchte: Burg, Kirche, Markt- und Turnierplatz. Die adelige Familie, die hier wohnte, hieß **Babenberg.** Und diese Babenberger Herzöge hatten ihre Burg eben dort oben am Hohen Markt. Du kannst an der Form des Platzes ganz gut erkennen, dass hier auch Ritterspiele stattgefunden haben. Ein Teil des Geldes für die Befestigungsanlage kam übrigens aus dem Lösegeld, das **Herzog Leopold V.** für die Freilassung des Königs von England kassiert hatte. Dieser legendäre **Richard Löwenherz** war auf der Rückreise von einem Kreuzzug in Erdberg bei Wien vom österreichischen Herzog, mit dem er Streit gehabt hatte, gefangen genommen worden. Hundert Jahre später, als die Burg schon zu klein geworden war, übersiedelten die Herzöge in die Hofburg, wo nun über Jahrhunderte die Kaiser und Könige wohnen sollten. Erst vor 80 Jahren endete diese Herrschaft, die sich Monarchie nannte. Heute wohnt kein Kaiser mehr in der Hofburg, dafür hat heute der Bundespräsident dort, im so genannten Leopoldinischen Trakt, sein Büro.

Die adelige Familie, die nach den Babenbergern jahrhundertelang regieren sollte, waren die **Habsburger.** Ihr erster König hieß **Rudolf I.** (1218–1291). Eine heute noch bestens bekannte Habsburger Herrscherin war **Maria Theresia** (1717–1780), die über 400 Jahre nach Rudolf I. regierte. Sie sorgte für große Veränderungen, reformierte die Verwaltung, das Militär, kümmerte sich um die schwierige Lage der Bauern, indem sie ihre Arbeitszeiten für den „Grundherrn" begrenzte, sie schaffte die damals noch übliche Folter ab und führte die allgemeine Schulpflicht ein. Maria Theresia hatte 16 Kinder und ihr ältester Sohn war Joseph II., der ihren Reformkurs fortsetzte. Eine wohl noch bekanntere Habsburger Kaiserin war Elisabeth, auch „Sisi" genannt. Ihre tragische und gleichzeitig faszinierende Lebensgeschichte gibt es sogar als Musical. Sie war mit **Kaiser Franz Joseph** verheiratet, der bis zu seinem Tod 1916 über die kaiserlich-königliche Doppel-Monarchie Österreich-Ungarn herrschte. Er war es, der als damals 18-jähriger Kaiser den Befehl gab (im Hintergrund war es eigentlich seine Mutter Sophie, die solche Entscheidungen lenkte), die Stadtmauern niederreißen und den Stadtgraben einebnen zu lassen, um die prächtige Ringstraße zu bauen. Schließlich waren die räumlichen Grenzen Wiens längst schon viel zu eng geworden und Stadtmauern boten gegen die mittlerweile entwickelten Waffen auch keinen Schutz mehr. Franz Joseph begann mit seiner Kriegserklärung an Serbien im Jahr 1914 gemeinsam mit vielen anderen Monarchen und Regierungschefs einen fürchterlichen Krieg. Als der Erste Weltkrieg endlich vorbei war, musste **Karl I.** als letzter Habsburger Kaiser auf sein Amt verzichten. Seither gibt es keine Kaiser und Könige mehr in Österreich.

Schloss Schönbrunn

13. Bezirk, Haupteingang: Schönbrunner Schloßstraße
www.schoenbrunn.at
Tel.: 811 13-239
Öffnungszeiten: April bis Juni und Sept., Okt. täglich 8.30–17 Uhr; Juli, August täglich 8.30–18 Uhr; Nov. bis März täglich 8.30–16.30 Uhr
U4 Schönbrunn, **Bus 15A, Straßenbahnlinie 58**
Führungen von 8,90 bis 36 € für Erwachsene, 4,70 bis 18 € für Kinder
Spezial: Kindermuseum „Schönbrunn erleben", 6,50 € Erwachsene, 4,50 € Kinder

Wenn du durch das eiserne Tor am Haupteingang kommst, öffnet sich ein großer Platz mit Kieselsteinen vor dir und du siehst ein großes gelbes Gebäude mit hunderten Fenstern und Türen. Mit den Nebengebäuden verfügt Schloss Schönbrunn über genau 1441 Zimmer. Zu besichtigen sind davon aber nur 40. Das Gelb des Barockschlosses hat sogar einen eigenen Namen: Es heißt passenderweise Schönbrunner-Gelb. Apropos Name: Schönbrunn ist nach einer Quelle benannt, die Kaiser Matthias angeblich einst bei einem Jagdausflug entdeckte. Im Schlosspark findet sich heute noch der Brunnen – dort sitzt ein steinernes Mädchen, das einen Krug hält, aus dem Wasser plätschert. Später wurde um die Quelle ein kleines Lustschloss für den Sommer gebaut. Da drin lebten und lustwandelten Maria Theresia, ihr Mann Kaiser Franz I. Stephan und ihre 16 Kinder. Diese Kinder hatten jeweils drei bis fünf Zimmer für sich alleine zur Verfügung. Du kannst im **Kindermuseum** tatsächlich in die Gewänder von damals schlüpfen. Der Schlossgeist dort ist übrigens ein Namensvetter von mir und heißt Poldi **(www.schoenbrunn.at/kinder).** Außerdem kannst du im ehemaligen Turnsaal der auf ihre körperliche Fitness bedachten Kaiserin Elisabeth jeden dritten Samstag und Sonntag im Monat (13.15 und 15.30 Uhr) den Tanz Quadrille lernen, der zu Sisis Zeiten höchst modern war. Der Garten, in dem einst die Kaiserin Maria Theresia mit ihrem umgehängten Schreibpult so gerne spazieren ging, ist unfassbar groß. So groß, dass sich hier sehr gerne zu jeder Jahreszeit auch Läufer und unglaublich viele Eichhörnchen (in allen Größen und „Buscheligkeitsstufen") tummeln. Man kann also ausgezeichnet zwischen den kunstvoll geschnittenen Hecken und Blumenbeeten herumtoben und hat viel, viel Platz zum Laufen. 43.000 Pflanzen werden im Frühjahr, 222.000 im Sommer gesetzt und 4681 Bäume stehen in diesem einzigartigen Schlossgarten. Es gibt sogar einen Irrgarten, in den du aber deine Eltern mitnehmen solltest. Sicher ist sicher.

Unser Spezialtipp: In der Adventzeit gibt es hier einen wunderbaren Kultur- und Weihnachtsmarkt, auf dem stimmungsvolle Live-Musik gespielt wird. **(www.weihnachtsmarkt.co.at, Tel: 817 41 65-0).**

Unser Lieblingsplatz: die Gloriette im Schlosspark mit Blick auf Schönbrunn – und im Hintergrund ganz Wien.

Hier kannst du das Hofzeremoniell in den Kleidern von damals erleben oder dir die richtige Anordnung des Tischgedecks zeigen lassen.

Die Türkenbelagerungen

Zweimal standen türkische Krieger vor den Toren der Residenzstadt Wien. Das erste Mal, 1529, waren es 150.000 Mann, die den Sturm auf die Stadtmauern versuchten; ihr Tross war zum Teil auf Schiffen auf der Donau gekommen. Die Belagerung wurde aber wegen des vorzeitigen Wintereinbruchs abgebrochen. Im Sommer 1683, also vor über 320 Jahren, versuchten es die Türken dann noch einmal. Über 200.000 Soldaten des Sultans belagerten diesmal Wien. Der Lärm, den sie dabei machten, muss fürchterlich bedrohlich geklungen haben. Die Belagerer gruben Gänge unter die dicken Stadtmauern, um diese zu sprengen. Furcht erregend klang auch die Musik der Angreifer, die sie mit ihren riesigen Trommeln und Blasinstrumenten täglich bis zu viermal ertönen ließen. Nach fast zwei Monaten Belagerung gab es in Wien kaum noch etwas zu essen, außerdem brachen Seuchen aus. Dann aber tauchten doch noch die Befreier auf: Am 12. September kamen Soldaten aus mehreren Nachbarländern unter der Führung des Polenkönigs Jan Sobieski von den Wienerwaldbergen her und vertrieben das feindliche Heer. Die Belagerung war überstanden und schon bald blühte wieder der Handel mit den ehemaligen Feinden, die jetzt nicht mehr bedrohlich wirkten, sondern vielmehr interessant und exotisch. Die **Musikinstrumente** der Belagerer, die dunklen Bohnen, aus denen sich ein wunderbar belebendes Getränk namens **Kaffee** brauen ließ, der süße **türkische Honig** und der zarte **Strudelteig** fanden großen Anklang. Und was wäre Wien heute ohne seine Kaffeehäuser?

Du kannst heute überall in der Stadt noch Hinweise auf die beiden Türkenbelagerungen entdecken. Am Stephansdom findest du zum Beispiel eine türkische Kanonenkugel in der Mauer über der Sakristei. Und im Verbindungsgässchen zwischen den Plätzen Freyung und Am Hof siehst du die kleine Statue eines türkischen Reiters, der seinen Krummsäbel gezückt hat. Zu diesem Hauszeichen **Zum Heidenschuss** gibt es auch eine spannende Sage: Ein Bäckergeselle soll hier während der ersten Türkenbelagerung im Keller gerade Germ geholt haben, als er ein unheimliches Krachen und Schaben hörte. Er schlug sofort Alarm und holte Hilfe. Soldaten kamen und hörten nun sogar Stimmen aus der Tiefe heraufdringen. Um ganz sicherzugehen, legten sie Würfel auf eine Trommel und diese fingen tatsächlich durch die Erschütterungen, die das heftige Graben auslöste, zu springen an. Die Türken hatten sich mitten hinein in die Wienerstadt gegraben. Doch die Soldaten schaufelten ihrerseits einen Gang in die Erde, lauerten dem Feind auf und schlugen diesen in die Flucht. Der Bäcker war ein gefeierter Held.

OGS-Grafik
Votivkirche
Währinger Straße
Kolingasse
Gonzagagasse
Sigmund-Freud-Park
Alser Straße
Universitätsstraße
Schottenring
Neutorgasse
Börsegasse
Universität
Schotteng.
Helferstorfstraße
Wipplinger
Landesgerichtsstraße
Florianigasse
Rathaus
Straße
Rathaus-
park
Renngasse
Straße
Tiefer Graben
Freyung
Teinfaltstr.
Juden-
platz
Am
Hof
Burgtheater
Bankg.
Herrengasse
Bognerg.
Wallnerstr.
Tuchlauben
Minoritenkirche
Peterskirch
osefstädter Straße
Stadiong.
Reichsrats-
Dr.-Karl-Lueger-Ring
Theseustempel
Kohlmarkt
Graben
Auerspergstr.
Ballhaus-
platz
Michaeler-
platz
Volksgarten
Habsburgerg.
Bräunerstr.
Dorotheerg.
Parlament
Spiegelg.
Lerchenfelder Straße
Museumstr.
Naturhistorisches
Museum
Burg-
Hofburg
Neustiftgasse
ring
Burg-
garten
Albertina-
platz
Museumsplatz
Burggasse
Kunsthistorisches
Museum
Opernring
Eschenbachgasse
Staatsoper
Akademie der
Bildenden Künste
Museumsquartier
Stiftgasse
Operngasse
Kärntner Straße
Getreidemarkt
Sezession
Karls-
platz
Mariahilfer Straße
Windmühlgasse
Gumpendorfer Straße
Linke Wienzeile
Rechte Wienzeile
Operngasse
iedner Hauptstraße

Donaukanal
Obere
Hollandstr.
Lilienbrunng.
Taborstraße
Praterstraße
Ferdinandstraße
Donaustraße
Donaukanal
Dampfschiffstr.
Untere
Franz-Josefs-Kai
Donaustraße
alzgries
Morzin-
platz
M.-Aurel-Straße
Schweden-
platz
Franz-Josefs-Kai
Julius-
Raab-
Platz
Radetzkystraße
Hoher
Markt
Fleisch-
markt
Rotenturmstraße
Lugeck
Postgasse
Dominikanerbastei
Georg-
Coch-
Platz
Rosenbursenstr.
Zollamtsstraße
Hintere Zollamtsstraße
Viaduktgasse
Schulerstr.
Wollzeile
Stubenring
Marxergasse
Dr. Karl-
Lueger-Platz
Zedlitzg.
Wien
Vordere
Weihburg
gasse
Singerstraße
Stubenbastei
Landstraßer
Hauptstraße
Invalidenstraße
Gärtnergasse
Himmelpfortg.
Seilerstätte
Parkring
Johannesgasse
Stadtpark
Annagasse
Schellinggasse
Schwarzenbergstr.
Akademiestr.
Johannesgasse
Ungar-
gasse
Schubertring
Linke Bahngasse
Beatrixgasse
Konzerthaus
Musikverein
Am Heumarkt
Salesianergasse
Rechte Bahngasse
Schwarzen-
berg-
platz
Zaunergasse
Neulinggasse
0
50
100
m
Strohgasse
N

Ringstraße – Eine Runde um die Innere Stadt

Die Ringstraße ist 4,5 Kilometer lang und 57 Meter breit und sie entstand vor über 150 Jahren auf Beschluss von Kaiser Franz Joseph. Knapp bevor das alte Kaiserreich für immer verschwand, wurde Wien also noch einmal kräftig umgebaut. Vielleicht wollte der Kaiser noch einmal durch die prächtigen Bauten zeigen, wie mächtig er war. Die Abbrucharbeiten begannen 1858 und schon 7 Jahre später wurde die Ringstraße eröffnet. Du kannst dir vorstellen, dass solche großen Veränderungen Stadtgespräch Nummer 1 waren. Sogar der berühmte Walzerkönig Johann Strauß widmete dem Ereignis ein Werk: passenderweise die so genannte **Demolierpolka.** Die Runde um die Ringstraße kannst du zu Fuß, mit dem Fahrrad oder ganz bequem mit den Straßenbahnlinien 1 oder 2 machen. Wir geben dir hier am besten unsere Fotos und ganz kurze Beschreibungen der wichtigsten Stationen auf deine Runde mit. Starte am besten an der Straßenbahnhaltestelle vor der Oper, die du mit der U1, U2, U4 Karlsplatz erreichst. Du kannst aber auch an jeder beliebigen Straßenbahnhaltestelle der Linien 1 und 2 starten.

Oper

Die **Staatsoper** ist nicht nur für Erwachsene und reiche Leute da, die einmal im Jahr auf den Opernball gehen. Es gibt wunderbare Opernaufführungen speziell für Kinder wie zum Beispiel die Zauberflöte von Wolfgang Amadeus Mozart. Ich sag' euch: Da ist immer sehr gute Stimmung oben im Kinderopernzelt am Dach der Oper. Mehr Infos **www.wiener-staatsoper.at, Tel.: 514 44 2019 oder 514 44 2316**

... du fährst an Denkmälern, Bäumen, Würstelständen und am **Burggarten** vorbei. Im Hintergrund siehst du das **Palmenhaus**, in dem es Schmetterlinge und ein Kaffeehaus gibt ...

Naturhistorisches Museum

Die beiden Gebäude sehen so gleich aus, dass selbst wir sie immer wieder verwechseln. Links ist das Kunsthistorische (siehe Seite 119) und rechts das Naturhistorische Museum (siehe Seite 78), oder umgekehrt? Oben auf der Dachkuppel sitzen steinerne Figuren: Über die Kunst wacht Pallas Athene, die griechische Göttin der Weisheit, über die Natur der Sonnengott Helios. In der Mitte des Platzes siehst du ein **Denkmal der Kaiserin Maria Theresia,** die auf ihrem Thron sitzt.
www.khm.at, Tel.: 525 24-0
www.nhm-wien.ac.at, Tel.: 521 77-0

... nun kommst du an der **Neuen Burg** vorbei, am **Äußeren Burgtor** und am **Heldenplatz,** auf dem du vielleicht noch einen Blick auf die beiden Reiterstatuen erhascht. Der eine Reiter ist Prinz Eugen, ein ehemaliger Feldherr, und der andere mit der Fahne in der Hand ist der Onkel von Kaiser Franz Joseph, Erzherzog Karl. Auf die Frage, ob er in der siegreichen Schlacht gegen Napoleon bei Aspern wirklich die Fahne mit einer Hand geschwungen habe, soll er geantwortet haben: „Aber was glauben S' denn – wie hätt' so a schwach's Mandl wie i denn dös mach'n soll'n?" Ein sympathischer Held, oder? Das Denkmal ist übrigens 20 Tonnen schwer und steht dennoch nur auf zwei Beinen. Jetzt kommen wir am **Volksgarten** vorbei und danach taucht ein Gebäude mit vielen Säulen auf, das aussieht wie ein griechischer Tempel ...

Parlament

Schon wieder treffen wir hier auf – diesmal vor und nicht auf dem Gebäude – die griechische Göttin der Weisheit, **Pallas Athene,** mit goldenem Helm auf dem Kopf. Und weise sind die Leute, die in dem Gebäude arbeiten, hoffentlich sehr. Da gehen nämlich die Politiker, die unser Land regieren, ein und aus. Sie diskutieren darüber, wie wir unser Zusammenleben so organisieren sollten, welche Regeln da sinnvoll oder weniger sinnvoll wären. Denn Regeln, das weiß jedes Kind, sind wichtig, wenn man gemeinsam etwas unternehmen will. Für jedes Spiel muss ich die Regeln vorher gemeinsam mit meinen Freunden festlegen, sonst gibt's Streit. Übrigens: Das Wort „Parlament" kommt von dem französischen Wort *parler,* das bedeutet „Sprechen" – passend, denn gesprochen wird da drinnen sehr, sehr viel.

www.parlament.gv.at, Tel.: 40110-2715, 2577, 2665

Rathaus

Das nächste Gebäude mit einem großen Platz davor ist das Rathaus, in dem unser Bürgermeister und die gesamte Stadtverwaltung arbeiten. Ganz oben auf der Spitze des Hauses wacht ein riesiger Soldat in Ritterrüstung über die Wienerstadt. Das ist der berühmte **Rathausmann.** Die Menschen hier schauen einfach zu wenig nach oben, deshalb kennen ihn die wenigsten. Vor und im Rathaus ist eigentlich ständig etwas los: In der Adventzeit verwandelt sich das Haus in einen wunderbaren Adventkalender mit 24 überdimensionalen Fenstern, dann gibt es große Feste, Bälle und wichtige Veranstaltungen wie die Buchwoche, die hier regelmäßig stattfinden, im Winter gibt es einen Eislaufplatz, im Sommer Konzerte. Was genau wann läuft, findest du unter **www.wien.gv.at** oder unter der
Club-wien.at-Telefonnummer 277 55 22 (täglich von 9–19 Uhr).

Burgtheater

Gleich gegenüber vom Rathaus steht das Burgtheater, eine der größten Sprechbühnen Europas. Es gibt spezielle Kindervorstellungen und ein Projekt, das „Theater und Schule" heißt. Darüber hinaus werden Führungen für Schulklassen angeboten, wo du alles über die Geschichte dieses Hauses erfahren kannst und Einblicke ins Theaterleben bekommst.
www.burgtheater.at, Tel.: 514 44-4155

... es geht die Ringrunde weiter, vorbei an der **Universität** und der **Votivkirche,** die im selben Stil wie der Stephansdom erbaut worden, nur viel, viel jünger ist. Damals hat man den gotischen Stil einfach kopiert. Dieser Baustil wird Historismus

genannt, weil man Stilrichtungen aufgriff, die es in der Geschichte *(Historie)* bereits gegeben hat. Erbaut wurde die Votivkirche für Kaiser Franz Joseph, aus Dankbarkeit dafür, dass dieser ein Messerattentat beinahe unverletzt überlebt hatte. Nun geht es leicht bergab, an der **Börse,** einem roten Ziegelbau, vorbei. Unten am Donaukanal angekommen, steht Wiens erster Wolkenkratzer …

Der Ringturm

Das Gebäude ist 23 Stockwerke hoch und hat einen 20 Meter hohen **Wetterleuchtturm.** 17 Leuchten zeigen dir dort das Wetter an. Rote Leuchten aufsteigend bedeuten, dass die Temperatur steigt, absteigend zeigen sie an, dass sie fällt. Grün aufsteigend heißt, das Wetter bessert sich, absteigend, es wird schlechter. Wenn die Leuchten rot blinken, ist das eine Warnung vor Gewitter und Sturm, weiß blinkende Leuchten weisen auf Schneefall oder Glatteis hin.

… nun geht's den **Donaukanal** – den du von hier aus nicht sehen kannst, weil er so tief unten liegt – entlang Richtung Schwedenplatz, wo es das leckere Eis gibt. Du kommst an der **Ruprechtskirche,** der ältesten Wiener Kirche, vorbei. Vom Schwedenplatz aus geht die Rotenturmstraße Richtung Stephansplatz hinauf. An dieser Stelle stand im Mittelalter das am häufigsten benutzte Stadttor, genannt der Rote Turm, da viele Reisende nicht weit von hier damals noch mit dem Schiff anlegen konnten. So nahe war die Donau damals noch der Inneren Stadt.
Nun machen wir wieder eine scharfe Kurve vorbei an der **Urania.** Das ist nicht nur eine Sternwarte, wie du an der weißen Kuppel erkennen kannst, sondern auch ein Kino und der bekannteste Wiener Kasperl und sein Freund Pezi treten dort auf **(www.kasperlundpezi.at, Tel.: 714 36 59).** Du fährst nun weiter neben der **Postsparkasse,** die ein berühmter Architekt namens Otto Wagner im so genannten Jugendstil errichtet hat. Er hat auch die Stadtbahnstation am Karlsplatz im selben Stil erbaut. Die Ringrunde ist nun fast vorbei. Wir kommen noch am **Museum Angewandter Kuns**t (MAK siehe Seite 120) vorbei und am berühmten **Stadtpark.** Dort drin steht eine goldene **Statue von Johann Strauß** – du

weißt schon, das ist der mit der „Demolierpolka", die er anlässlich der Schleifung der Ringstraße komponierte **(siehe auch www.johann-strauss.at).**
Vorbei an einigen feinen Hotels, dem **Schwarzenbergplatz** mit einem riesigen Springbrunnen und einem Soldatendenkmal, wieder einigen feinen Hotels und schönen Geschäften, kommen wir schließlich zurück an unseren Ausgangspunkt.

Die Urania: Sternwarte, Kino und Kasperltheater – alles unter einem Dach!

Der Stephansdom

Wenn dich die Rolltreppe am Stephansplatz aus dem Bauch der U-Bahn-Schächte ausspuckt, mach deine Augen fest zu. Gib dem Erwachsenen, der bei dir ist, die Hand, damit du nicht stolperst. Spür den Wind, der dir entgegenschlägt. Dann mach die Augen auf. Schau dir diesen Dom an: St. Stephan, so groß, so mächtig, so alt. Und selbst wenn du jeden Tag an ihm vorbeigehst, wirst du ständig neue Sachen entdecken. Schon die bloßen Zahlen sind ganz schön beeindruckend: Der Stephansdom ist 107,2 Meter lang, 34,2 Meter breit und der höchste Turm, genannt Südturm, ist 136,44 Meter hoch. Über **850 Jahre alt** sollen seine ältesten Teile sein.

850 Jahre – das ist eine lange Zeit. Damals war Sankt Stephan eine kleine Kirche. Und auch die Stadt Wien war noch so winzig, dass dieses Gotteshaus mitten auf einer grünen Wiese stand, umrandet von Bäumen – Lindenbäume, wie manche alten Schriften zu berichten wissen. Über die Jahrhunderte wuchs und wuchs die Kirche zu einem riesigen Dom. Immer wieder war es Menschen aus unterschiedlichen Gründen wichtig, ein Stück dazuzubauen: vielen, weil sie ihren Gott sehr liebten und ihm zu Ehren dieses Haus noch schöner machen wollten; manchen Königen, Kaisern oder Bauherren wahrscheinlich deshalb, weil sie eitel waren und glaubten, je größer eines ihrer Gebäude würde, desto größer würde ihre Macht erscheinen.

Im Jahr 1511 war plötzlich Schluss mit dem ständigen Bauen. Die letzte Sandsteinschicht wurde aufgetragen, dann legten die Arbeiter ihr Werkzeug nieder. Dabei sollte der Nordturm gerade so hoch werden wie der Südturm. Der so genannte **Adlerturm** sieht heute noch so aus, als hätte ihn jemand abgeschnitten. Erst Jahrzehnte nach dem Baustopp wurde dem Nordturm eine Haube aufgesetzt, in der heute übrigens die berühmteste Glocke Österreichs – die **Pummerin** – hängt. Sie wiegt 21.383 Kilogramm und ist immerhin die fünftgrößte Glocke der Welt. Und die Historiker – das sind diejenigen, die unsere Menschheitsgeschichte aufschreiben – haben auch die passenden Antworten parat, warum der Bau plötzlich zu Ende ging. So notierten sie Folgendes in ihre Bücher: 1493 stirbt Kaiser Friedrich III. und konnte daher seinen Plan nicht mehr verwirklichen, den Nordturm gleich hoch zu bauen wie den Südturm. Dabei war dem Kaiser dieses Vorhaben scheinbar ziemlich wichtig. Er hatte den Wienerinnen und Wienern bei Baubeginn sogar befohlen, sie sollten sauren Wein nicht wegschütten, sondern ihn an der Baustelle vorbeibringen, um ihn dort zum Löschen des Kalks für das Fundament zu verwenden. Nach Friedrichs Tod hatte sich scheinbar

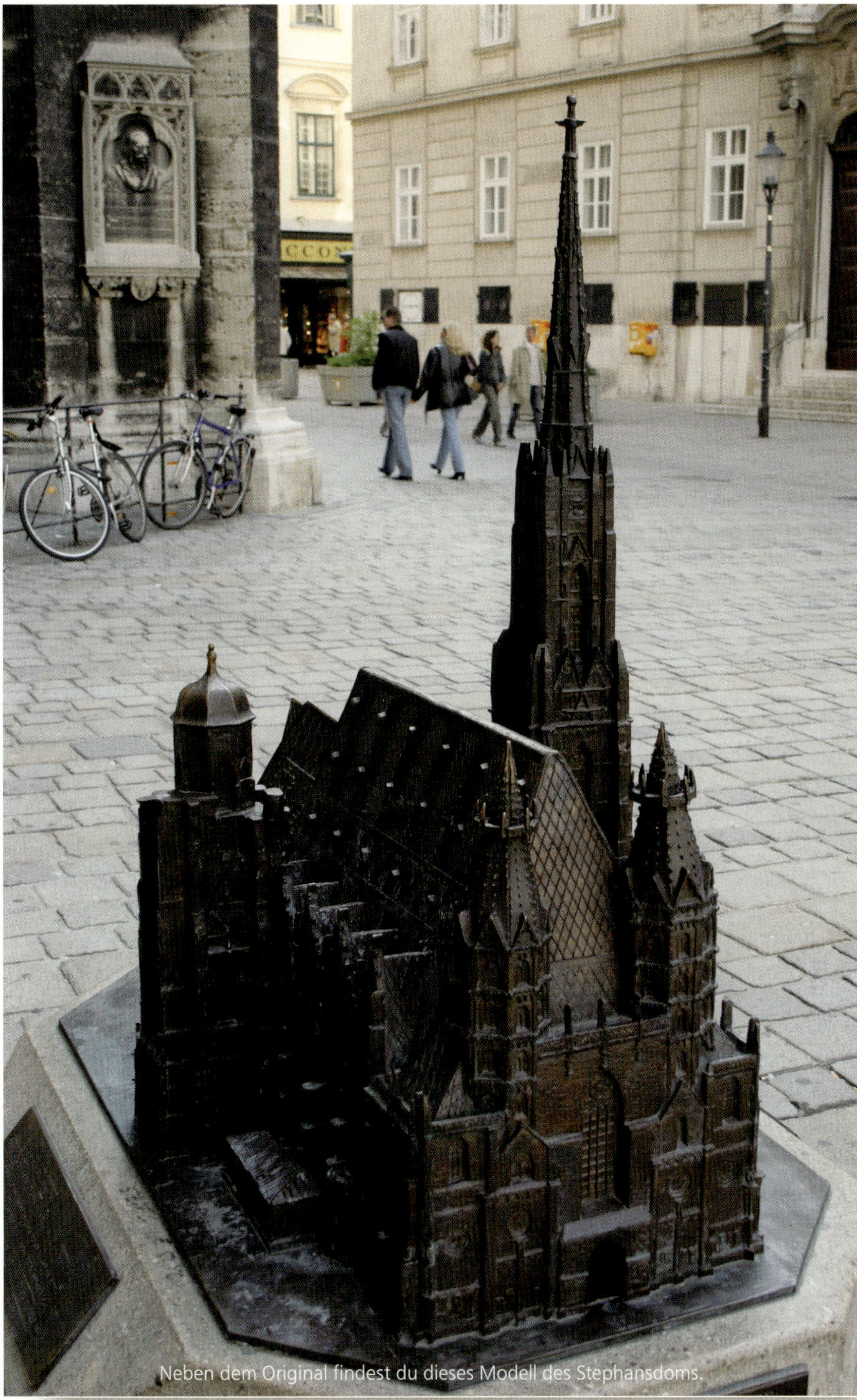

Neben dem Original findest du dieses Modell des Stephansdoms.

alles verändert. Der Turmbau geriet ins Stocken, weil das Geld ausging und die verschnörkelte gotische Bauweise mittlerweile als veraltet galt. 61 Jahre waren seit der Grundsteinlegung am Nordturm vergangen und langsam wurde der Sinn des Weiterbauens in Frage gestellt. Außerdem hatten die Leute andere Sorgen: Sie hatten Angst vor den Türkenkriegern, die sich für die nächsten Schlachten und Belagerungen bereitmachten. 1529, also nur 18 Jahre nach dem Ende des zweiten Turmbaus, stand tatsächlich ein riesiges Heer vor den Toren Wiens *(siehe: Die Türkenbelagerungen, S. 38)*

Die Sagenerzähler verbreiteten aber an den Marktplätzen, in den Gaststuben und am Lagerfeuer ganz andere Erklärungen für diesen Baustopp. Wie das nun so üblich ist, wenn einer dem anderen etwas erzählt und der es dem nächsten weitererzählt, entstehen dabei die sagenhaftesten Geschichten. Das kannst du mit deinen Freunden ausprobieren, wenn du mit ihnen „Stille Post" spielst, wo oft nur ein paar Worte von Ohr zu Ohr geflüstert werden und am Ende die wildesten Dinge herauskommen. Was aus der in Wirklichkeit gar nicht so spannenden Geschichte um den nicht fertig gestellten Turmbau geworden ist, zeigt die **Sage des armen Baumeisters Hans Puchsbaum:** Dieser schloss einen Pakt mit dem Teufel, der versprach, ihm beim Turmbau zu helfen, wenn er während dieser Zeit keinen heiligen Namen in den Mund nehmen würde. Hans Puchsbaum war aber verliebt in eine gewisse Maria, und eines Abends, als er oben am Baugerüst arbeitete und sie unten vorbeigehen sah, dachte er nicht mehr an die Vereinbarung. Er rief ihren Namen und wurde im selben Augenblick vom Teufel gepackt und in die Tiefe gestoßen. Die Sage endet damit, dass sich nach diesem furchtbaren Ereignis niemand mehr traute, den Turm fertig zu bauen. Er blieb bis zum heutigen Tag unvollendet.
Die Figuren dieser Sage hat es übrigens wirklich gegeben. Hans von Prachatitz – er tritt in der Legende als der große alte Meister auf – vollendete 1433 den Südturm. Unser Hauptdarsteller Hans Puchsbaum war 1450 der Dombaumeister, als der Grundstein zum Nordturm gelegt wurde, er war aber in Wirklichkeit beim endgültigen Ende der Arbeiten an diesem Turm nach 61 Jahren natürlich längst gestorben.
Mehr Informationen über Veranstaltungen und Führungen unter
www.stephansdom.at.

Fiakerfahrt

Billig ist es ja nicht, aber einmal muss man einfach mit dem Fiaker durch Wien kutschieren. Das ist wie eine Reise mit der Zeitmaschine über 100 Jahre zurück. Fiaker sind Kutschen mit zwei Pferden, die man mieten kann – die Taxis von früher. Der Begriff „Fiaker" kommt aus Frankreich, wo ein Pariser Gastwirt in der Straße *Rue de Saint Fiacre* vor einer Kirche um 1662 erstmals Kutschen vermietete. Hier in Wien warten die freundlichen Damen und Herren mit Melone auf dem Kopf bei den wichtigen Sehenswürdigkeiten der Innenstadt. Du findest sie am Stephansplatz, Heldenplatz und Albertinaplatz. Die Pferde haben sogar Windeln bekommen, damit es in ihrer Umgebung nicht immer nach Pferdeäpfeln stinkt. Wenn du dich zu einer Fiakerfahrt entschließt, musst du vor Fahrtbeginn mit dem Fiaker alles abklären: Preis, Route und Länge der Fahrt. Zwischen 40 Euro für eine kurze und 100 Euro für eine lange Rundfahrt muss man leider rechnen. Dafür macht die Fahrt wirklich Spaß, weil der Fiaker meistens sehr lustige Geschichten zu den Straßen und Gebäuden zu erzählen weiß.

Seit neuestem mit Windeln ausgestattet: die Pferde der Fiaker in Wien.

Wien entdecken als Forscher

Was dich hier erwartet:

- Die 10 besten Wiener Erfindungen
- Wien und die Donau
- Wiener Waldschule
- Wilde Tiere in Wien

Franz-Ferdinand: „Also in den letzten Jahren hat es sich ja hier unten in der Wiener Kanalisation forschungsmäßig richtig abgespielt!"

Poldi: „Wie, was? Forschungsmäßig?"

Franz-Ferdinand: „Superspannende Experimente! Und ich hab' Mäuschen gespielt und alles heimlich beobachtet. Anton Zeilinger, ein ganz gescheiter Professor von der Wiener Universität, mit weißem Bart und zerzausten Haaren, und seine Leute haben als weltweit erste Menschen ganz kleine Teilchen gebeamt. ‚Beamen' kommt aus dem Englischen und bedeutet so viel wie ‚Strahlen'. Für das Geheim-Experiment haben die Wissenschafter unter der Donau – zwischen Donauinsel und Prater – einen unterirdischen Tunnel des Wiener Abwassersystems benutzt. Die Station auf der Donauinsel, im 22. Bezirk, heißt Alice, die andere, am gegenüberliegenden Ufer im Prater, also im 2. Bezirk, hat die Bezeichnung Bob. Alice ist der Sender, Bob der Empfänger – und es funktioniert tatsächlich! Die nennen so was dann Teletransportation, also irgendein Ding in einem Augenblick von einer Stelle zur anderen zaubern. So wie im Fernsehen, wenn die jemanden von einem Raumschiff wieder zurück auf die Erde beamen, also strahlen. Nur machen es die Wissenschafter hier nicht mit Menschen, sondern mit winzig kleinen Dingen, die sie Photonen – das sind Lichtteilchen – nennen. Für die weltweite Forscher-Szene war das eine echte Sensation. Und ich war live dabei!"

Poldi: „Ach so, jetzt kapier' ich's! Daher kommt also deine Geschichte mit dem Durch-die-Stadt-beamen, die du ganz am Anfang erzählt hast.
– Übrigens hat Wien viele berühmte Forscher, Erfinder und Entdecker hervorgebracht. Weil wir es ganz genau wissen wollten, sind wir beim Wiener Patentamt vorbeigeflogen und haben eine Hitliste der 10 besten Wiener Erfindungen zusammengestellt: Erfindungen, die unser Leben verändert haben!"

Die 10 besten Wiener Erfindungen

1. **Eismarillenknödel von Kurt Tichy** (seit 1952) – weil sie so sensationell schmecken!
2. **Ventil von Hanns Hoerbiger** (lebte von 1860 bis 1931 und war Vater der Schauspieler Attila und Paul Hörbiger) – was wären Reifen ohne Ventil?
3. **Mikroskop von Simon Plössl** (1794–1868) – so sehen auch wir die kleinen, seltsamen Tierchen im unendlichen Mikrokosmos!

4. **Nähmaschine von Joseph Madersperger** (1768–1850) – tja, das ist tatsächlich ein praktisches Teil!
5. **Laufbildkamera von Theodor Reich** (1861–1939) – sonst gäb's ja keine lustigen Urlaubsfilme!
6. **FI-Schalter von Gottfried Biegelmeier** (Jahrgang 1924) – wenn's mal einen Kurzschluss gibt, bleiben alle Elektrogeräte trotzdem heil!
7. **Gasglühlicht von Karl Auer von Welsbach** (1858–1929) – hat einmal ganz Wien hell erleuchtet!
8. **Zähl- und Rechenmaschinen von Gustav Tauschek** (1899–1945) – so praktisch, wenn man zur Kontrolle der Mathe-Hausübung mit der Maschine nachrechnen kann!
9. **Benzin-Auto von Siegfried Marcus** (1831–1898) – wenn man sich damit nicht täglich in den Stau stellt, eine superpraktische Erfindung!
10. **FSME-Impfstoff von Christian Kunz** (Jahrgang 1927) – nur ein kleiner Stich und du brauchst keine Angst mehr vor Zecken zu haben!

Wiener Nobelpreisträger

Der **Nobelpreis** ist die höchste Auszeichnung für Wissenschafter, Literaten und Menschen, die sich besonders um andere Menschen kümmern. Der Stifter des Preises hieß **Alfred Nobel.** Daher der Name Nobelpreis. Zuletzt hat die Schriftstellerin **Elfriede Jelinek,** die in Wien lebt, den Nobelpreis für Literatur im Jahr 2004 bekommen. Eine ebenso außergewöhnliche Frau, die in Wien lebte, war **Bertha von Suttner** (1848–1914). Sie wurde mit ihrem Buch *Die Waffen nieder!* berühmt und erhielt 1905 den Friedensnobelpreis. Bertha von Suttner war die erste Frau, die so eine Auszeichnung bekam.
Übrigens: Du findest ihren Kopf auf der österreichischen 2-Euro-Münze.

Noch zwei Wiener erhielten für ihre Forschungen den Nobelpreis: Im Jahr 1973 bekam der Verhaltensforscher **Konrad Lorenz** (1903–1989) den Preis für seine Arbeit mit Graugänsen. **Karl Landsteiner** (1868–1943) bekam den Preis 1930 für die Entdeckung der 4 Blutgruppen (A, B, AB, O).

Unsere Tipps für Forscher

Sigmund Freud auf der Spur

9. Bezirk, Berggasse 19
www.freud-museum.at
Tel.: 319 15 96
Öffnungszeiten: täglich 9–17 Uhr, Juli bis September 9–18 Uhr
U2 Schottentor, Schottenring, **U4** Schottenring, Rossauer Lände, **Straßenbahnlinie D** Schlickgasse, **37, 38, 40, 41** Schwarzspanierstraße, **Bus 40A** Berggasse
Eintritt: Rundgang gratis, Museumseintritt Erwachsene 7 Euro

Sigmund Freud war ein berühmter Wiener Arzt, der die Psychoanalyse begründete. Das funktioniert, glaube ich, ungefähr so, dass du dich da auf eine Couch legst und über deine Träume und Ängste und Bilder im Kopf sprichst, und das hilft dir dann, weil du endlich mit jemandem über Dinge redest, über die du dich sonst nicht zu reden traust. Und die Erwachsenen nennen das dann Psychoanalyse. Jedenfalls gibt es da einen ganz tollen Stadtspaziergang, den du ausgehend vom Freud-Museum machen kannst. Hol dir dort zuerst den **Gratis-Stadtführer,** den Jugendliche aus dem Oberstufen-Gymnasium w@lz zusammengestellt haben, und folge an sieben speziellen Punkten den Spuren Freuds im 1. und 9. Bezirk.

Globenmuseum

1. Bezirk, Palais Mollard, Herrengasse 9, 1. Stock
www.onb.ac.at
Tel.: 534 10-710
Öffnungszeiten: Mo bis Mi, Fr bis Sa 10–14 Uhr, Do 15–19 Uhr
U3 Herrengasse
Eintritt: Kinder bis 10 frei, Führungen 2 €, Erwachsene 3 €

Es ist weltweit das einzige **Globenmuseum.** 250 Stück dieser Erd- und Himmelsmodelle aus einem halben Jahrtausend sind ausgestellt. Der älteste Globus ist über 450 Jahre alt und du darfst ihn sogar angreifen! Leider nicht das Original, aber auf einem Computerbildschirm zum Betatschen, also einem Touchscreen, kannst du die Reise in eine längst vergangene Zeit antreten.
Im Erdgeschoss findest du das **Esperantomuseum.** Das war eine Kunstsprache, die die Menschen auf der ganzen Welt lernen hätten sollen, um sich besser zu verstehen. Hier kannst du nicht nur ein kurzes Video zur Geschichte des Esperanto sehen, sondern auch aus Kopfhörern Gedichte in der Weltraumsprache der Klingonen hören. Superlustig!
Außerdem gibt's das **Papyrusmuseum,** wo alte Schriften aus drei Jahrtausenden liegen. Dort findest du eine eigene Kinderecke, wo du alles über das alte Ägypten erfährst und sogar einige Zeichen ihrer geheimnisvollen Schrift schreiben lernst.

Siemens Forum

3. Bezirk, Dietrichgasse 25
www.siemens.at/forum
Tel.: 0517 07-37200
U3 Kardinal-Nagl-Platz

Elektrische Eisenbahn, elektrisches Licht, Telefon und Radio. Diese Erfindungen haben unser Leben verändert. Hier kannst du sehen und erleben, wie diese Dinge ausgesehen haben, als sie noch keine Selbstverständlichkeit waren. Neben dieser Ausstellung ist für Kinder jede Menge los: Kindertheater und Kinderradio zum Beispiel. Informier dich unter **Tel.: 0517 05-5079** über die aktuellen Veranstaltungen.

Timna Brauer begeistert mit Kinderliedern aus Europa.

Bei Workshops wie hier zum Thema „Solarmobil" kannst du die Zukunft der Technik erforschen.

Uhrenmuseum

1. Bezirk, Schulhof 2
www.wienmuseum.at
Tel.: 533 22 65
Öffnungszeiten: Di bis So und Feiertag 10–18 Uhr
U1, U3 Stephansplatz (10 Minuten zu Fuß)
Eintritt: Freitagvormittag frei, sonst Kinder 2 €, Erwachsene 4 €

Drei Stockwerke voller Uhren. Wenn hier die volle Stunde schlägt, zittert das ganze Haus im Takt der alten Uhren.

Auch die Zeit hat ihre eigene Geschichte, wie du im Uhrenmuseum erfahren kannst.

Technisches Museum

14. Bezirk, Mariahilfer Straße 212
www.tmw.ac.at
Tel.: 899 98-0
Öffnungszeiten: Mo bis Fr 9–18 Uhr, Sa, So, Feiertag 10–18 Uhr
Eintritt: Kinder 5 €, Erwachsene 7 €, Familienkarten 11 € (1 Erwachsener, 1 Kind), 17 € (2 Erwachsene, 1 Kind), jedes weitere Kind 1,50 €

Technik zum Angreifen, Technik zum Staunen. Aus Letzterem kommt man hier kaum heraus, so viele Dinge gibt es hier zu entdecken. Alte Flugzeuge hängen hier sogar an der Decke, so riesig ist das Museum. Du findest hier fast alles: Autos, Fahrräder, Maschinen, Flugzeuge und sogar Musikinstrumente. Extrem spannend hier, aber man muss wohl mehrmals kommen, damit man wirklich alles gesehen und ausprobiert hat.

Wien und die Donau

Früher war die Donau vor Wien eine große, fünf Kilometer breite Au-Landschaft. Der Fluss war wild und unbezähmbar. Es gab ständig Hochwasser. Vor 850 Jahren lag die **Kirche Maria am Gestade** – heute in der Salvatorgasse, zwischen Hoher Markt und Börse – noch direkt an der Donau. Geh dorthin oder schau am Wienplan nach, es ist kaum zu glauben! Am meisten gefürchtet waren die Eishochwasser. Wenn sich bei Hainburg oder in Oberungarn die Eisschollen krachend übereinander schoben, verstopften sie das Flussbett und Wasser

trat über die Ufer. Sobald schließlich der Eisstaudamm brach, verwüstete die Flutwelle das untere Ufergebiet. Menschen und Tiere ertranken jämmerlich, ganze Ernten riss die Flut mit sich und ließ die Überlebenden in Hungersnöten und Armut zurück.

Die Donau musste reguliert werden, damit es bei Hochwasser keine Überschwemmungen mehr gab und die Versorgungsschiffe im Hafen anlegen konnten. Erst nach mehreren hundert Jahren wurde der wilde Fluss durch den Hubertusdamm endlich gezähmt. Auf exakt 13,27 Kilometern war die Donau fortan mit befestigten Ufern reguliert und schiffbar gemacht worden.

... und so wurden die Donauauen gerettet

Vor über 30 Jahren sollte in der Nähe von **Hainburg** ein Kraftwerk errichtet werden. Für unseren Strom, der aus der Steckdose kommt, brauchen wir natürlich Wasserkraftwerke. Aber dieser Platz war etwas ganz Besonderes. Ein Staudamm an dieser Stelle hätte bedeutet, dass der letzte nicht regulierte, frei fließende Teil der Donau zerstört gewesen wäre. Stell dir vor, die wunderbaren stillen Auwälder wären für immer kaputt gewesen! Zum Glück gab's ganz großen Wirbel durch alle Natur- und Umweltschutzvereinigungen in Österreich. Es kam zu lautstarken Protesten gegen den Bau. Als die Arbeiten am Staudamm dennoch beginnen sollten, führte dies zu einer gewaltlosen Besetzung der Hainburger Au durch tausende Menschen aus allen Alters- und Berufsgruppen. Die setzten sich einfach in die freie Natur, übernachteten in Zelten, egal, ob es regnete oder die Sonne schien. Tag und Nacht bewachten sie den Auwald. Die Polizei versuchte sogar, manche dieser Leute einfach wegzutragen. Während sie aber den einen wegtrug, setzte sich schon ein anderer an dessen Stelle. So viele Menschen beschützten die Au. Dann dachten die Politiker nach, wie sie dieses Problem lösen könnten und ließen umfangreiche wissenschaftliche Untersuchungen durchführen. Die schlauen Wissenschafter entdeckten dabei Unglaubliches. Sie fanden heraus, dass es weit mehr Fischarten gab, als man vorher angenommen hatte. Endlich hat jemand genau nachgezählt! Das wichtigste Ergebnis dieser Untersuchungen war, dass die Donauauen in und östlich von Wien nationalparkwürdig sind. Und natürlich kann kein Kraftwerk in einem Nationalpark stehen! Am 27. Oktober 1996 war es dann so weit: Feierlich wurde sogar ein Staatsvertrag mit großem Siegel unterzeichnet. Der **Nationalpark Donauauen** war damit offiziell eröffnet. So ein Glück, dass die Menschen sich von Zeit zu Zeit auch für die Natur ganz stark machen!

Nationalpark Donau-Auen

Es gibt 5 Eingänge:

Saltenstraße: Bus 93A bis Lobaugasse, zirka 15 Minuten Fußweg
Panozzalacke: Bus 91A bis Lobrundstraße
Dechantlacke: Bus 91A bis Roter Hiasl
Esslinger Furt: Bus 98A bis Auernheimgasse/Kirschenallee, zirka 10 Minuten zu Fuß
Egerer Brücke, Kasernenbrücke, Uferhaus: Bus 26A bis Groß Enzersdorf, zirka 10 Minuten zu Fuß bis zur Egerer Brücke, 15 zur Kasernenbrücke, 20 zum Uferhaus.
www.donauauen.at · www.wien.gv.at/wald/natpark
Tel.: 02249/23 53

Der Nationalpark Donau-Auen ist sehr groß (9300 Hektar Gesamtfläche) und ein Teil davon liegt in der Lobau im 22. Wiener Gemeindebezirk. Das geschützte Gebiet geht dann durch Niederösterreich weiter bis zur Flussmündung der March an der Grenze zur Slowakei. Wenn du über den Nationalpark fliegen könntest, wie wir es manchmal tun, könntest du sehen, dass er von oben aussieht wie ein grüner Schlauch, denn er ist zwar 38 Kilometer lang, aber an der dicksten Stelle nur 4 Kilometer breit. Also ein grüner Gürtel entlang dem wilden Donauufer. Ein Nationalpark hat den Sinn, dass Tiere und Pflanzen, die darin leben, ungestört wachsen und gedeihen dürfen, ohne dass der Mensch in diesen Ablauf der Natur eingreifen darf. Auf Besuch dürfen die Menschen gerne kommen, aber sie müssen leise sein und Rücksicht nehmen auf Pflanzen und Tiere. Über 700 Arten von Pflanzen, mehr als 30 Säugetier- und 100 Brutvogelarten, 8 Reptilien- und 13 Amphibienarten sowie rund 60 Fischarten leben im Nationalpark.

Besonders bequem kommst du mit dem Nationalpark-Boot in die Donau-Auen.

Für dich gibt es jede Menge zu erleben:

- ☞ den superspannenden **Naturlehrpfad Obere Lobau**
- ☞ auf **Pflanzen- und Tierbeobachtungsexpedition:** die Au entlang der Panozzalacke oder rund um den Groß-Enzersdorfer Arm oder den Rundweg ums Uferhaus
- ☞ Du kannst auch mit der **Kutsche** durch die Au fahren und danach geht's ab ins **Lobaumuseum** zur Wurzelstation und zum **Bibergehege.**
- ☞ Mit dem **Rad** kommst du flott durch die Lobau.
- ☞ Und du kannst sogar von der City aus mit dem **Nationalpark-Boot** entlang dem Wiener Donaukanal in die Lobau tuckern. Danach wartet eine einstündige Wanderung auf dich, bei der du das sensible Ökosystem Wasser/Wald hautnah erleben kannst.

Zeiten:
täglich von 2. Mai bis 26. Oktober
Dauer: 9–13.30 Uhr (inklusive Rückfahrt)
Eintritt: Kinder 3,50 €, Erwachsene 9 €
Treffpunkt: Anlegestelle am Wiener Donaukanal bei der Salztorbrücke/Abgang Hollandstraße (Nähe Forsthaus Salztorbrücke)

Biber, Eisvogel, Hirsch – mit etwas Glück kannst du sie hier wirklich beobachten.

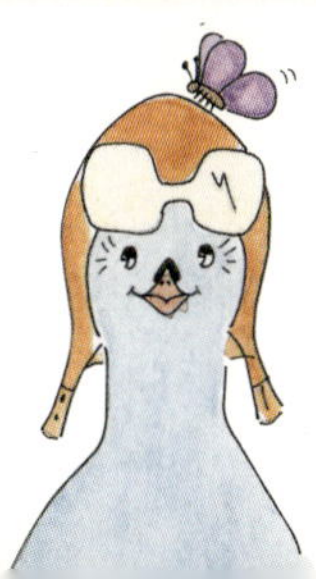

1000 Jahre Wienerwald

Vor 1000 Jahren war der Wienerwald ein riesiger Urwald. Im Jahr 1002 wurden große Teile dieses Urwaldes dem Babenberger-Herzog Heinrich II. „Jasomirgott" geschenkt. Durch diese Schenkung war der Grundstein zu den ausgedehnten Besitzungen der österreichischen Landesfürsten gelegt. Daraus gingen auch die heute im Besitz von Bund, Ländern und Gemeinden befindlichen Wälder hervor. Vor über 130 Jahren sollte ein Viertel des Wienerwaldes verkauft werden, weil die Staatskassen leer waren. Zum Glück gab es aber auch damals schon Umweltschützer. Die Menschen nannten **Joseph Schöffel** „Retter des Wienerwaldes", weil der **Bürgermeister von Mödling** erfolgreich gegen die Abholzung des Wienerwaldes kämpfte.

1905, also vor 100 Jahren, beschlossen die Wiener unter Bürgermeister **Karl Lueger** einstimmig, ihren Wald besonders zu schützen. Der Wald- und Wiesengürtel rund um Wien ist deshalb bis zum heutigen Tag noch so schön. Und deshalb machen ganz viele Bewohner dieser Stadt, wenn sie einmal Erholung vom Häuserdschungel brauchen, einen Ausflug in den Wienerwald (170.000 Hektar).

Unsere Internet-Tipps zum Thema Wienerwald:

www.wien.gv.at/wald
www.wienerwaldmuseum.at
www.tiscover.at/wienerwald
www.wwf.at/Projekte/wald/wienerwald

Waldexkursionen in den Forstverwaltungen

Mit einem Förster durch die Wälder streifen, Fährtenlesen, Tiere beobachten, Bäume bestimmen.
Die **Forstverwaltungen Lainz (Tel.: 804 13 15)** und **Lobau (Tel.: 02249/23 53), Hirschwang (Tel.: 02666/522 50), Nasswald (Tel.: 02667/73 73)** und **Wildalpen (Tel.: 03636/451-0)** bieten dieses Abenteuer für Schulklassen an.

Erlebnis Wienerwald

16. Bezirk, Johann-Staud-Straße 80, Jubiläumswarte.
Tel.: 4000-97918, -97908
Öffnungszeiten: Mo bis Fr – ganzjährig, 9–15 Uhr
Bus 46B und **146B,** 20 Gehminuten von der Feuerwache Steinhof

Ein Ausflug in die **Wiener Waldschule Ottakring** macht unglaublichen Spaß. Und wenn du ganz, ganz leise bist, kannst du viele Waldtiere beobachten. Mit einem Förster durch den Wald zu stapfen, macht doppelt Spaß, weil der immer weiß, wie die Pflanzen und Tiere heißen. Du kannst Bäume fühlen, Walderde riechen, Pflanzen schmecken, Tiere hören und beobachten. Mikroskope gibt's dort auch, damit siehst du ganz genau, wie Holz aufgebaut ist, und in der Werkstatt kannst du Waldmaterialien bearbeiten.

Allergiegarten

10. Bezirk, Kurbadstraße, Laaer-Berg-Straße, Filmteichstraße
www.wien.gv.at/ma42/parks/oberlaa.htm
Tel.: 688 11 70-11
Öffnungszeiten: Sommer: 6–22 Uhr, Winter: 6–18 Uhr
Bus 68A bis Filmteichstraße

Haaaatschiiiii! Also wir haben ja glücklicherweise keine Probleme mit Pollenallergien, aber für alle, die sich zu diesem Thema schon immer einmal informieren wollten, gibt es eine Allergie-Infomeile. Zwischen Kurbadstraße, Laaer-Berg-Straße und Filmteichstraße im 10. Bezirk erfährst du alles über die Pollenflugzeiten der jeweiligen Pflanzen und im Vorbeigehen wirst du zu einem echten Pflanzen-Experten. Schautafeln verraten dir, wo die „Heuschnupfen-Pollen" überall in Europa herumfliegen.

WerkstattWerken

22. Bezirk, Spargelfeldstraße 20
www.wien.gv.at/ma42/werken.htm
Tel.: 280 76 31-221, 231
Öffnungszeiten: Mai bis Juni und September bis Oktober
Bus 23A oder **Schnellbahn S 80** bis zu den Blumengärten Hirschstetten

Supertolle Werkstatt, in der du aus umweltfreundlichen Materialien ganz tolle Sachen herstellst: dein eigenes Vogelhäuschen oder Blumentöpfe zum Beispiel. Nachdem du deine handwerklichen Fähigkeiten bewiesen hast, gibt's für dein Werkstück das passende Geschenk dazu. Also Futter für das Vogelhäuschen oder so ähnliche Sachen.

Lainzer Tiergarten

13. Bezirk, Hermesstraße, Lainzer Tor
www.wien.gv.at/wald/lainz-tg
Tel.: 804 31 69
Öffnungszeiten: im Winter: 8 bzw. 9–17 Uhr;
Frühling, Sommer und Herbst: 8 bzw. 9–Sonnenuntergang
Lainzer Tor: U4 bis Hütteldorf, **Straßenbahnlinie 60** bis Hermesstraße, **Autobuslinie 60B** bis Lainzer Tor
Eintritt: frei

Im ehemaligen kaiserlichen Jagdgebiet lässt sich eine Menge erleben: Blumen-, Schmetterlings-, Nachteulen- und Wünschelrutenwanderungen sowie forstliche Expeditionen durch den Wald. Außerdem gibt es hier unfassbar viele Wildschweine, Mufflons und Damhirsche, die sich scheinbar sehr gerne beobachten lassen. Du kannst sogar eine Kutschenfahrt machen. Darüber hinaus gibt es einen Naturlehrpfad mit speziellen Tipps, wie auch du zum perfekten Beobachter und Forscher wirst. Wenn du dir beim Portier ein Quizblatt abholst und alle Fragen beantwortest, bekommst du auch eine kleine Überraschung!

Natur erforschen im Lainzer Tiergarten

Bauernhof erleben am Cobenzl

19. Bezirk, Am Cobenzl 96a
www.wien.gv.at/wald/kibauern.htm
Tel.: 328 94 04
U4 bis Heiligenstadt, **Bus 38A** bis Cobenzl
Öffnungszeiten: Ganzjährig geöffnet
Montag bis Freitag: 15 Uhr bis Einbruch der Dunkelheit
Samstag, Sonn- und Feiertag: 10 Uhr bis Einbruch der Dunkelheit
Eintritt: 3 bis 6 Jahre 1 €, ab 6 Jahren 2 €

Am Cobenzl ist es fein. Wenn du mit dem Bus oben am Parkplatz gelandet bist, hast du von hier aus schon einen herrlichen Blick auf Wien. Auf einem wunderschönen Spielplatz mitten auf einer Wiese, umgeben vom Wald, kannst du dich austoben. Dann ab auf den Kinderbauernhof: Du findest Kühe, Schafe, Schweine, Hühner, Hasen, alles was sich eben so auf einem Bauernhof herumtreibt. Und du kannst dort sogar dein eigenes, ganz supergesundes Brot backen. Wenn ihr noch Zeit habt, könnt ihr eine Wanderung auf den Hermannskogel oder auf einem der vielen Rundwege hier machen. Alles wunderbar ruhig und wunderbar erholsam ...

Naturerlebnis Hirschstetten

22. Bezirk, Quadenstraße 15
Naturerlebnispfad: www.wien.gv.at/ma42/parks/naturlehr.htm
Tel.: 280 76 31
Blumengärten: www.wien.gv.at/ma42/parks/florarium.htm
Palmenhaus: www.wien.gv.at/ma42/palmenhaus.htm
Öffnungszeiten: Mitte Mai bis Mitte Oktober

Das Angebot hier ist wirklich groß. Es gibt 20 Themengärten. Du erlebst, wie vielfältig und unterschiedlich die Natur ist. Manchmal ganz zart, manchmal sehr robust. Du erfährst so gut wie alles Wissenswerte über den Naturraum Wien. Und über die Tiere, die darin leben. Zum Beispiel über die Libelle. Außerdem gibt es hier Freilandterrarien mit Reptilien und ein Bienenhaus. Dazu kannst du auch ein Palmenhaus erleben, in dem du tropische Pflanzen kennen lernst.

Haus des Meeres

6. Bezirk, Esterhazypark, Flakturm
www.haus-des-meeres.at
Tel.: 587 14 17
Öffnungszeiten: täglich 9–18 Uhr, Do 9–21 Uhr
U3 Neubaugasse, **Bus 13A, 14A, 57A**
Eintritt: Kinder 4,40 €, Erwachsene 9,30 €

Dieser Turm ist was ganz Besonderes. Da kann man einmal sehen, was man aus so hässlichen Überbleibseln aus dem 2. Weltkrieg alles machen kann, wenn man will. Außen kann man klettern lernen und drinnen findest du Aquarien und Terrarien, in denen sich alle möglichen Wasser- und Landbewohner tummeln. Besonders beliebt sind die **Piranha- und Haifischfütterungen** (Mi und So um 15 Uhr!!!) und die **Reptilienfütterungen** (So 10 Uhr, Do 19 Uhr). Du kannst selber **Schlangen streicheln** (Mi 14 Uhr) oder dir dein persönliches Souvenir aus einem ganz speziellen Stein selber schleifen **(Infos: 02252/760 96).** Hinter diesen dicken Betonmauern findest du außerdem noch ein Tropenhaus, in dem sich Vögel, Weißbüscheläffchen, Flughunde und viele andere Tiere zum Teil völlig frei bewegen. *Tipp fürs Reingehen:* Pullover, Jacken und ähnliche warme Bekleidungsstücke am besten abgeben, da drinnen ist es ziemlich warm!

Schwarzspitzen-Riffhaie
Grüne Mamba
Weißbüscheläffchen-Baby
Seeschildkröte

Wilde Tiere in Wien

Zur Zeit Maria Theresias waren wilde Tiere aus fernen Ländern eine besondere Sensation. Und da die Kaiserin ihrem Volk Unterhaltung bieten wollte, erlaubte sie sogar den Bau eines Zirkus, in dem wilde Tiere wie Löwen, Panther, Leoparden, Wölfe, Bären, aber auch Stiere, Pferde und Hirsche gegeneinander kämpften. Diese grausamen Tier-Spektakel gab es damals in einem **Hetzamphitheater,** einem runden Theater mit 3000 Sitzplätzen unter freiem Himmel, auf der Landstraße. Der Straßenname Hetzgasse in dieser Gegend erinnert noch heute an diesen schrecklichen Ort.

Der Mann von Maria Theresia war **Franz Stephan von Lothringen** und der interessierte sich für Tiere und alles, was mit Natur zu tun hatte. Er ließ in der neuen kaiserlichen Sommerresidenz eine Anlage aus zwölf Gehegen bauen, mit dazugehörigen Tierhäusern und einem Verwaltungsgebäude mit Garten und Teich, sowie zwei Höfe mit weiteren Gebäuden. Im Zentrum der Anlage wurde ein achteckiger Pavillon errichtet, der als Frühstücksraum und Salon genutzt wurde. Eine Mauer trennte diese Tieranlage vom übrigen Schlossgarten, in dem Maria Theresia gerne spazieren ging. So war der Kaiser bei seinen geheimen Naturforschungen ungestört.

Die ersten Tiere zogen im Sommer 1752 in ihre

Gehege. Damit ist der Tiergarten Schönbrunn **der älteste noch bestehende Zoo der Welt.** Die ersten Tiere waren holländische Hühner, dann kamen ein Kamel und ein Nashorn per Schiff nach Wien. 1770 folgte schon der erste Elefant. Die ersten Raubtiere waren Wölfe und Bären. Um 1800 kamen die ersten Eisbären, Großkatzen, Hyänen und Kängurus sowie ein weiteres Paar indischer Elefanten nach Schönbrunn. Diese exotischen, wunderlichen Tiere zogen die Menschen natürlich in Scharen an. Manche reisten extra von ganz weit her, um die wilden Tiere zu sehen. Ganz besonders viel Rummel gab es, als der Vizekönig von Ägypten im Jahr 1828 dem damaligen Kaiser Franz eine Giraffe schenkte. Die Wiener stürmten fast alle nach Schönbrunn, jeder wollte die Giraffe sehen. Plötzlich waren in Wien Giraffenmotive auf allen möglichen Gegenständen höchst gefragt. Kleider, Handschuhe, Frisuren, Parfüm – überall tauchte die Giraffe auf. Es gab sogar eine Giraffentorte und ein Gebäck, das sich „Giraffeln" nannte. Es wurden sogar ein Theaterstück *Die Giraffe in Wien oder alles à la Giraffe* geschrieben und Musikstücke komponiert.

Waldrapp

Naturhistorisches Museum

1. Bezirk, Maria-Theresien-Platz, Burgring 7
www.nhm-wien.ac.at
Tel: 521 77-335
Öffnungszeiten: Mi 9–21 Uhr, Do bis Mo 9–18.30 Uhr, Di geschlossen
Straßenbahnlinie 1, 2 Burgring NHM
Eintritt: Kinder 3,50 €, Erwachsene 8 €

Riesige Dinosaurierskelette, ausgestopfte wilde Tiere, versteinerte Pflanzen, jede Menge Bildschirme zum Anfassen, wo du zum Beispiel siehst, wie sich das Pferd im Laufe von Millionen Jahren entwickelt hat. In den 39 Schausälen kannst du also jede Menge erleben und auch einmal einen Schlechtwettertag in Wien sinnvoll nutzen. Als Andenken gibt es eine kleine Naturforscher-Urkunde. Es gibt auch ein Kombi-Angebot, durch das du mit derselben Eintrittskarte nach deinem Besuch hier dir die Sterne ganz genau anschauen kannst – in der **Urania** oder der **Kuffner Sternwarte** oder im **Planetarium Wien** beim Riesenrad.
Infos: **www.planetarium-wien.at.**

Blaufleckenrochen

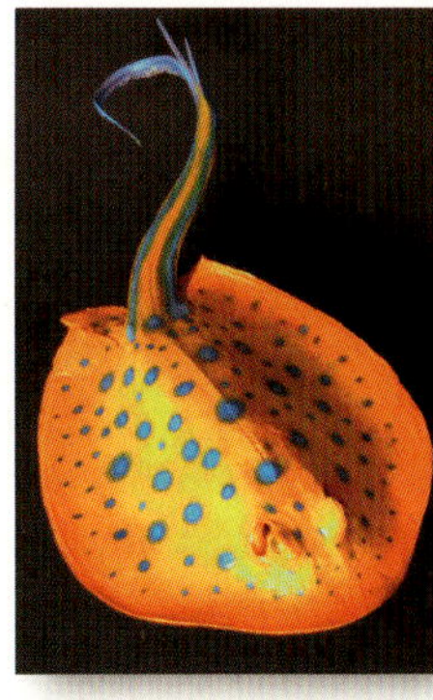

Ganz neu zu sehen:
die „Schreckenskralle“,
das Modell des gefiederten
Sauriers Deinonychus.

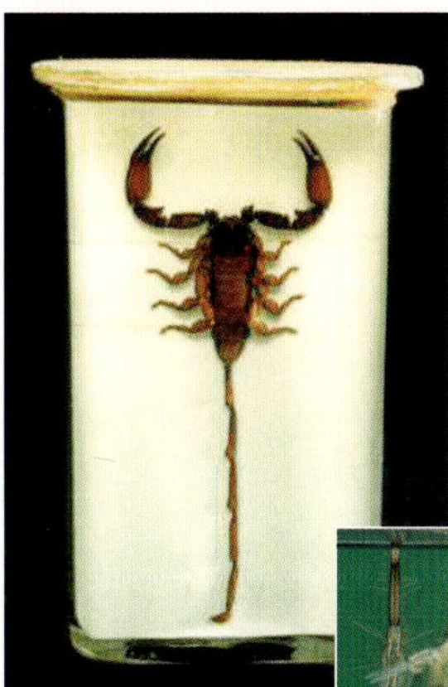

Dünnschwanzskorpion

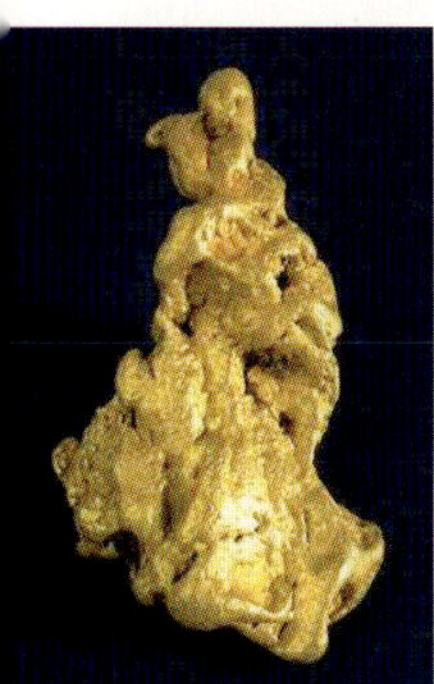

Oben: Gelsenlarven
links: Gold-Nugget
aus dem Ural
rechts: Kammmuscheln

Tiergarten Schönbrunn

13. Bezirk, Maxingstrasse 13b
Haupteingang: Hietzing
(Hietzinger Platz/U4 Hietzing)
www.zoovienna.at
Tel.: 877 92 94-0
Öffnungszeiten: 9–maximal 18.30 Uhr
U4 Hietzing
Eintritt: Kinder 5 €, Erwachsene 12 €
Buchungen für Führungen unter der Durchwahl 500
von Mo bis Fr 8–17 Uhr oder **reservierung@zoovienna.at**

Der Tiergarten Schönbrunn ist der **älteste noch bestehende Zoo der Welt** – und gleichzeitig einer der modernsten. Hier werden nicht nur Tiere hergezeigt, sondern es wird auch geforscht. Die Führungen sind extrem spannend und es gibt obendrein jeden Tag mindestens 15 Termine, an denen Mitarbeiter des Tiergartens live über Tiere und Pflanzen erzählen und darüber berichten, was die Forscher tun, um sie besser kennen zu lernen. Jeden Donnerstag findet um 14 Uhr eine **Gratisführung für Kinder** statt. Wer die Tierwelt selbstständig erkunden will, kann den „Tiger Trail" entlanggehen und den Panda-Quiz enträtseln. In Schönbrunn leben Tausende von wundersamen Tieren – große und kleine, dünne und dicke, laute und leise.

Hier eine Liste der zehn beliebtesten Tiere:

Elefanten
Eisbären
Tiger
Orang-Utans/ Affen
Löwen
Geparde
Robben/ Seehunde
Giraffen
Pinguine
Flusspferde

Von oben
nach unten:

Eisbär
Weißhandgibbons
Humboldtpinguin
Weißer Wolf
Streichelzoo
Brillenbär

Wien entdecken als Sportler

Was dich hier erwartet:

- ☞ **Die 10 besten Fitness-Tipps für schlaue Kinder**
- ☞ **So viele (und noch viel mehr) sportliche Möglichkeiten bietet Wien: alle Top-Adressen**

Wir lieben die Bewegung und halten uns mit Fliegen und Laufen fit. Für dich haben wir **die 10 besten Fitness-Tipps** zusammengefasst.
Denk daran: Bewegung macht stark und schlau!

Fernsehen nur mit Wochenplan!
Hol dir eine Programmzeitschrift und mach mit deinen Eltern einen Stundenplan: maximal 5 Stunden pro Woche. Computerzeiten solltet ihr mit einberechnen!
Führe ein Bewegungstagebuch:
Trag jede sportliche Aktivität ein.
Niemals essen vor dem Fernseher!
Einmal am Tag rausgehen, egal bei welchem Wetter! Plane sportliche Aktivitäten gemeinsam mit deinen Freunden im Skaterpark, Fußballkäfig oder auf der Rodelbahn.
Springschnur, Gummihupf-Seil, Kreide fürs Tempelhüpfen immer mitnehmen!
Die aktive Pause zwischendurch bringt's – egal, wo du bist!
Rolltreppen- und Lift-Verbot! Geh, so oft es geht, zu Fuß und zähl die Stufen!
Nütze unsere empfohlenen **Top-Adressen für sportliche Angebote:** einmal die Woche raus ins Vergnügen – von Abenteuerspielplatz bis Trampolinanlage.
Iss gesunde Zwischenmahlzeiten: Obst, Karotten, Vollkornbrot, ein Glas Milch oder Joghurt. Hände weg von Schokoriegeln!
Such dir eine Hausstrecke für Rollerblades, Fahrrad oder zum Laufen. Stopp die Zeit und trag sie in dein Bewegungstagebuch ein.
Haben deine Eltern ein Ergometer? Richte den Sattel auf deine Höhe ein und leg los. Du kannst am Ergometer lesen, Musik hören oder im Fernsehen deine Lieblingssendung anschauen.

Unsere Tipps für Sportler:

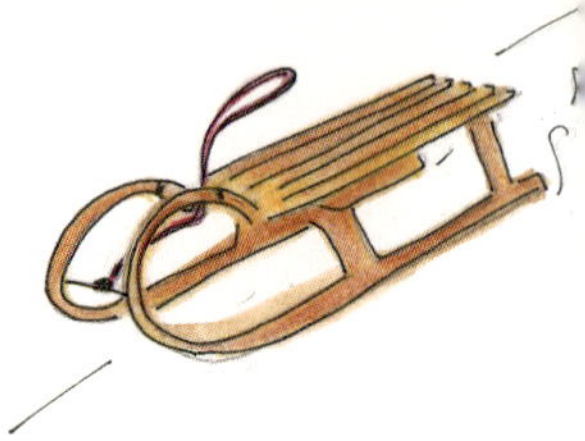

Rodelwiesen in Wien

Wenn genug Schnee liegt, ist Rodeln eines der lustigsten Wintervergnügen in Wien. Und das Beste: Es kostet nix! Also rauf auf Bob, Schlitten, Ski oder Plastiksackerl und ab geht die Post. Du findest bestimmt einen Hügel in deiner Nähe:

2. Bezirk, Prater Jesuitenwiese, 40 Meter lange Piste. Flutlichtanlage!
Prater Konstantinhügel, 15 m
Venediger Au, 10 m
Engerthstraße/Innstraße, 10 m
Prater Lusthaus/Großenzersdorfer Allee, 20 m

3. Bezirk, Stadtpark (Kinderpark), 50 m
Schweizergarten bei der Heeresmuseumstraße, 50 m

4. Bezirk, Alois-Drasche-Park, 50 m

5. Bezirk, Einsiedlerpark, 10 m
Rudolf-Sallinger-Park, 30 m

6. Bezirk, Esterhazypark, 15 m
Alfred-Grünwald-Park, 40 m

9. Bezirk, Arne-Carlsson-Park, 30 m
Liechtensteinpark, 30 m

10. Bezirk, Alfred-Böhm-Park, 40 m
Waldmüllerpark, 25 m
Otto-Benesch-Park, 25 m
Fortunapark, 20 m
Holzknechtstraße, 10 m
Volkspark Laaerberg, 70 m
Kurpark Oberlaa, 250 m
Löwygrube, 260 m
Heuberggstätten, 300 m
Johann-Benda-Park, 25 m

11. Bezirk, Lorenz-Reiter-Straße, 60 m
Eisteichstraße, 45 m
Luise-Montag-Park, 70 m
Huttererweg, 65 m
Muhrhoferweg, 70 m

12. Bezirk, Am Schöpfwerk, 20 m
An-den-Eisteichen, 80 m
Endergasse/Karl-Kraus-Gasse, 20 m
Tivoligasse/Grünbergstraße (Marillenalm), 150 m

13. Bezirk, Wlassakgasse/Nazarenerwiese, 110 m
Roter Berg, 120 m
Maxingpark, 15 m

14. Bezirk, Lagerwiese Wolfersberg, 200 m

15. Bezirk, Dadlerpark, 20 m
Auer-Welsbach-Park, 20 m
Rohrauerpark, 70 m
Braunhirschenpark, 30 m

16. Bezirk, Kongresspark, 30 m

18. Bezirk, Pötzleinsdorfer Schlosspark, 75 m

19. Bezirk, Hintergärtengasse/Hohe Warte, 90 m

20. Bezirk, Spielmanngasse/Dietmayrgasse, 10 m
Universumstraße/Winarskystraße, 5 m

21. Bezirk, Carabelligasse, 40 m
Gruam (Freiligrathplatz), 50 m
Großfeldstraße/St.-Michael-Gasse, 45 m
Wasserpark, 80 m
Adolf-Loos-Gasse 4, 20 m
Adolf-Loos-Gasse/Dodererergasse, 15 m
Adolf-Loos-Gasse/Oswald-Redlich-Straße, 40 m

Adolf-Loos-Gasse/
Schererstraße, 45 m
Haspingerplatz, 70 m
Hahnemanngasse, 30 m
Langfeldgasse 6, 30 m
Luckenschwemmgasse, 60 m
Denglerpark, 60 m
Koschakergasse 18/Dominik-Wölfel-Gasse, 30 m
Koschakergasse 30, 35 m
Kürschnergasse/
Gitlbauergasse, 35 m
Kürschnergasse/
Wassermanngasse, 80 m
Pastorstraße gegenüber der Hausnummer 29, 80 m
Pastorstraße/Dopschstraße, 70 m
Robinsonspielplatz Tetmajergasse, 15 m
Josef-Grössing-Park, 160 m

22. Bezirk, Donaupark/Kaffeehaushügel, 100 m
Badeteich Hirschstetten, 50 m
Hirschstettner Aupark, 60 m
Polgarstraße, 10 m
Quadenstraße/
Hirschstettner Straße, 30 m
Düsseldorfstraße, 15 m
Kagraner Anger, 20 m
Rennbahnweg, 25 m
Lagerwiese Kaiserwasser, 30 m
Lagerwiese Rehlacke, 40 m
Ziegelhofstraße, 10 m
Melangasse, 50 m
Jakob-Bindel-Park, 25 m

23. Bezirk, Rösslergasse, 20 m
Friedtjof-Nansen-Park, 60 m
Tullnertalgasse, 30 m

Langlaufen in Wien

Kostenloses Wintervergnügen, wenn genug Schnee liegt: Es gibt 7 gespurte Langlaufloipen, wobei du im 19. Bezirk und auf der Donauinsel sogar einen Skiverleih findest.
Ruft am besten vorher im **Sportamt Tel.: 4000-8051** an, ob die Loipen tatsächlich benutzbar sind.
Weitere Informationen:
www.wien.gv.at/sportamt/angebot/winter/langlaufen.htm

2. Bezirk, Prater: Einstieg Hauptallee/Kaiserallee bis Lusthaus und retour, 7 bis 10 km

10. Bezirk, Wienerfeld: Höhe Shulkastraße/Forsthaus, 2 km Rundkurs

14. und 16. Bezirk, Steinhofgründe: Eingang Erholungsgebiet Johann-Staud-Straße, 3,5 km Rundkurs

19. Bezirk, Am Cobenzl 96a: Cobenzl Höhenstraße/Ecke Neuwaldegger Straße von Latisberg bis Kreuzeiche, 4 km

21. Bezirk, Donauinsel Nord: Reichsbrücke und Floridsdorfer Brücke bis Höhe Überfuhrstraße und retour, 10 km

22. Bezirk, Donauinsel Süd: neben Steinspornbrü-
cke bis
Höhe Finsterbuschstraße und retour, 12 km

Weitere Informationen:
Landesskiverband Wien
4. Bezirk, Prinz-Eugen-Straße 12
Tel.: 505 65 73
Öffnungszeiten: Montag bis Freitag, 15–18.30 Uhr
www.wienerskiverband.at

Minigolf-Bahnen in Wien

2. **Bezirk,** Prater, Zufahrtsstraße 152 – Das ist übrigens der Hermann-Maier-Minigolf-Platz aus der Werbung! Der echte Betreiber heißt nicht Hermann Maier, sondern Johann Dallinger.
Kaisergarten, Riesenrad
Stadionbad, Meiereistraße, Krieau

10. **Bezirk,** Franz-Koci-Straße 3
Böhmischer Prater
Laaerbergbad, Ludwig-von-Höhnel-Gasse 2

13. **Bezirk,** Hietzinger Bad, Atzgersdorfer Straße 14
Minigolfplatz Hietzing, Anton-Langer-Gasse 47
Rosenhügelstraße beim Pensionistenheim

14. **Bezirk,** Müller-Guttenbrunn-Straße 37

16. **Bezirk,** Savoyenstraße 2, Schlosshotel
Kongressbad, Julius-Meinl-Gasse 7a

17. **Bezirk,** Roggendorfgasse 2

18. **Bezirk,** Schafbergbad, Josef-Redl-Gasse 2

21. **Bezirk,** Angelibad, An der oberen Alten Donau
Sportzentrum Marco Polo, Ruthnergasse 170

22. **Bezirk,** Strandbad Gänsehäufel, Moissigasse 21
Minigolf Donaupark, Arbeiterstrandbadstraße
Hirschstettner Straße 42
Stadlauer Straße
Ziegelhofstraße 31–33

23. **Bezirk,** Erlaaer Straße 56 a

Weitere Infos zu Bahnengolf: www.oebgv.at

Sportplätze für dich

Unter der **Telefonnummer 4000-51 151** erfährst du, wie du die Leichtathletik-Anlagen der Stadt Wien im 12. und 18. Bezirk nutzen kannst. Alle anderen Sportanlagen und Infos zu einem Leichtathletikverein in deiner Nähe unter:

www.vienneseathletics.com, www.oelv.at

Junior Marathon

Jedes Jahr laufen tausende Menschen beim Vienna City Marathon durch die Stadt. Anfang Mai ist da richtig was los. Natürlich gibt's auch einen Kinder- (1 km) und Jugend-Marathon (4,2 km). Und weil die Straßen abgesperrt sind, läufst du dort, wo sonst die Autos fahren, den Ring entlang. Superschön!

www.vienna-marathon.com, Tel.: 606 95 10.

Trampolinspringen

13. Bezirk, Altgasse 6
Sportunion West Wien veranstaltet Kinderspringen ab 10 Jahren am Montag von 15–16 und 16–17 Uhr,
Infos unter Tel.: 813 64 80
www.oeft.at

2. Bezirk, Waldsteingartenstraße 128 entlang der Praterhauptallee bei Kolariks Praterfee, dort stehen 8 Trampoline und wenn es finster wird, gibt's Flutlichtbeleuchtung.
Tel. 729 49 99-82
www.kolarik.at

Außerdem gibt's Trampolinanlagen im
Schafbergbad
18. Bezirk, Josef-Redl-Gasse 2
Tel.: 479 15 93
und **Höpflerbad**
23. Bezirk, Endresstraße 24-26
Tel.: 888 69 66, 888 69 67

In ungeahnte Höhen schwingst du dich beim Trampolinspringen wie hier bei der Sportunion West Wien.

Informationen zu Kinderbädern MA 44 – Bäder

10. Bezirk, Reumannplatz 23
www.wien.gv.at/baeder
Tel.: 601 12-8044
Mo bis Fr von 7.30–15.30 Uhr

Familienbäder

Diese speziellen Bäder sind von Anfang Mai bis September von Montag bis Sonntag 10–18 Uhr geöffnet. Bis zu deinem 7. Lebensjahr kannst du nur mit einem Erwachsenen rein (Eintritt € 2,-). Bei Schlechtwetter ist schon um 15 Uhr Schluss. Dort sind vor allem Spaß und Abkühlung möglich, nur so richtig schwimmen kann man meistens nicht, weil das Wasser nicht sehr tief ist.

2. Bezirk, Augarten,
Eingang Karl-Meißl-Straße
Tel.: 332 42 58

Max-Winter-Platz
Tel.: 728 05 85

3. Bezirk, Schweizer Garten,
Eingang Kleistgasse
Tel.: 799 20 10

10. Bezirk, Gudrunstraße/Ecke
Absberggasse
Tel.: 602 25 27

11. Bezirk, Herderpark, Herderplatz
Tel.: 749 68 98

14. Bezirk, Reinlgasse/Ecke
Märzstraße
Tel.: 985 85 03

16. Bezirk, Hofferplatz
Tel.: 493 19 09

18. Bezirk, Währinger Park,
Eingang Semperstraße
Tel.: 478 63 93

19. Bezirk, Hugo-Wolf-Park,
Eingang Dänenstraße
Tel.: 367 46 81

21. Bezirk, Stammersdorf,
Luckenschwemmgasse
Tel.: 292 61 69

Strebersdorf, Roda-Roda-Gasse
Tel.: 292 61 68

In den Wiener Sommerbädern brauchst du keine Hitzewelle zu fürchten.

Sommerbäder in Wien

Die meisten Bäder sind von Anfang Mai bis Mitte September geöffnet. In den städtischen Bädern **(Tel.: 601 12-8044)** kommen Kinder bis 6 Jahre gratis hinein. Wien ist eine richtige Badestadt im Sommer. Es gibt in und um Wien zum Glück ganz viel Wasser. Die meisten Bäder sind extrem toll ausgestattet mit Kinderspielplatz, Tischtennis, Fußballplatz, Beachvolleyballplatz, Minigolf und so weiter. Schau einfach ins nächste Bad und rein ins nasse Vergnügen. Hier unsere Liste:

2. Bezirk,
Stadionbad
Prater, Krieau
Tel.: 720 21 02

10. Bezirk,
Laaerbergbad
Ludwig-von-Höhnel-Gasse 2/
Favoritenstraße 233
Tel.: 688 23 35

11. Bezirk,
Sommer- und Saunabad Simmering
Florian-Hedorfer-Straße 5
Tel.: 767 25 68, 767 25 69

12. Bezirk,
Theresienbad
Hufelandgasse 3
Tel.: 813 44 35, 813 43 62

13. Bezirk,
Sommer- und Saunabad Hietzing
Atzgersdorfer Straße 14
Tel.: 804 53 19

14. Bezirk,
Sommerbad Hadersdorf-Weidlingau
Hauptstraße 41
Tel.: 979 10 45

16. Bezirk,
Sommer- und Saunabad Ottakring
Johann-Staud-Straße 11
Tel.: 914 81 06, 914 81 23

Kongressbad
Julius-Meinl-Gasse 7a
Tel.: 486 11 63

17. Bezirk,
Neuwaldegger Bad
Promenadegasse 58
Tel.: 486 24 52

18. Bezirk,
Schafbergbad
Josef-Redl-Gasse 2
Tel.: 479 15 93

19. Bezirk,
Sommer- und Saunabad Döbling
Geweygasse 6
Tel.: 318 01 40

Krapfenwaldlbad
Krapfenwaldgasse 65-73
Tel: 320 15 01

21. Bezirk,
Strandbad Angelibad
An der oberen Alten Donau
Tel.: 263 22 69

Sommer- und Saunabad Großfeldsiedlung
Oswold-Redlich-Straße 44
Tel.: 258 25 64, 258 25 65

22. Bezirk,
Sommerbad Strandbad Alte Donau
Arbeiterstrandbadstraße 91
Tel.: 263 65 38

Strandbad Gänsehäufel
Moissigasse 21
Tel.: 269 90 16

Sommer- und Saunabad Donaustadt
Portnergasse 38
Tel.: 203 43 21, 203 43 22

Arbeiterstrandbad
Arbeiterstrandbadstraße 87-89

Straßenbahnerbad
Am Dampfschiffhaufen 189

Strandbad Stadlau
Am Mühlwasser
Tel.: 282 32 11

23. Bezirk,
Höpflerbad
Endresstraße 24-26
Tel.: 888 69 66, 888 69 67

Sommerbad Liesinger Bad
Perchtoldsdorfer Straße 14-16
Tel.: 865 95 53

Wildbadeplätze

Prater
Heustadlwasser
Bus 77A, 80B

In der Lobau
Panozzalacke
nördlich vom ÖMV-Tanklager
Bus 91A

Donau-Oder-Kanal, Becken II und III, Mühlwasser, Biberhaufen
Bus 92A, 93A

Mühlwasser
Kanalstraße, Bus 92A, 93A, 96B

Mühlwasser
Schilfweg, Bus 92A, 93A, 96B

Alte Donau
An der oberen Alten Donau

S1, S2, S3, S15, U1, U6, Bus 61A

Dragonerhäufl
(neben dem Angelibad)

An der unteren Alten Donau:
Kaiserwasser
bei der Wagramer Straße
U1, Bus 90A, 91A, 92A

Rehlacke
(Industriestraße/Lagerwiesenweg)
Bus 93A

Neue Donau

Vorsicht: Hier gibt's etliche Badebuchten mit Schotterstrand und flachem Einstieg ins Wasser, aber auch sehr steinige und gefährliche Ufer.
Donauinsel-Süd, von der Steinspornbrücke stromabwärts
Donauinsel-Nord, vom Einlaufwerk Langenzersdorfbus zur Floridsdorfer Brücke
S1, S2, S3, S15, U6

Badeteich Hirschstetten
Schotterteich
Bus 95B

Badeteich Süßenbrunn
Schotterteich
an der Süßenbrunner Hauptstraße
Schnellbahnstelle Süßenbrunn

Sonnenuntergang an der Alten Donau

Hallenbäder

Wenn's draußen zu kalt ist, gibt es in Wien genügend Hallenbäder. Dort zahlen Kinder bis 6 Jahre keinen Eintritt. Alle städtischen Hallenbäder haben Kinderbecken. Manche sind mit Rutsche und Sprungbrett ausgestattet. **Telefonische Auskünfte:** Montag bis Freitag von 7.30–15.30 Uhr
Tel.: 601 12-8044

Hier unsere Hallenbadliste:

2. Bezirk
Diana-Erlebnisbad
Lilienbrunngasse 7-9
Tel.: 219 81 81
www.dianabad-wien.at
Eine supertolle, 125 m lange Wasserrutsche, die bergab und sogar bergauf geht, ein Wildbach, Wellenbecken, Piratenschiff und jede Menge Badespaß auch für Erwachsene. Schwimmkurse werden hier auch angeboten.

10. Bezirk
Amalienbad
Reumannplatz 23
Tel.: 607 47 47

Thermalbad Oberlaa
Kurbadstraße 14
Tel.: 680 09-9600
www.oberlaa.at

11. Bezirk
Hallenbad Simmering
Florian-Hedorfer-Straße 5
Tel.: 767 25 68, 767 25 69

12. Bezirk
Hallenbad Theresienbad
Hufelandgasse 3
Tel. 813 44 35, 813 43 62

13. Bezirk
Hallenbad Hietzing
Atzgersdorfer Straße 14
Tel.: 804 53 19

Schönbrunner Bad
Schönbrunn in Obelisken-Nähe
(Eingang Meidlinger Tor)
Tel.: 817 53 53
www.schoenbrunnerbad.at
Von Ende April bis September geöffnet.

14. Bezirk
Erlebnisbad-Waldbad Penzing
14. Bezirk, Linzer Straße 376-390
Tel.: 416 52 40-0
www.waldbad.at
Wasserrutsche, Wasserfall, Sportbecken, Kinderbecken, Wellenbad, Tierlandschaft.

15. Bezirk
Stadthallenbad
Vogelweideplatz 15
Tel.: 981 00-433
Hier werden Schwimmkurse in den Sommerferien für Anfänger und Fortgeschrittene angeboten
(Auskünfte: Tel. 981 00-352,
ab 15 Uhr
Tel. 0676/324 90 81, Schwimmschule Steiner).

16. Bezirk
Hallenbad Ottakring
Johann-Staud-Straße 11
Tel.: 914 81 06, 914 81 23

17. Bezirk
Hallen- und Saunabad Jörgerbad
Jörgerstraße 42-44
Tel.: 406 43 05, 406 52 01

Erlebnisbecken im Dianabad

WorkOut Fitness- und Freizeitanlage
Rötzergasse 41
Tel.: 485 35 73
www.workout.co.at
Hier gibt's Schwimmkurse für Kinder ab 4 Jahren.

19. Bezirk
Hallenbad Döbling
Geweygasse 6
Tel.: 318 01 40

Wasserspaß im Diana-Erlebnisbad

20. Bezirk
Hallen- und Saunabad Brigittenau
Klosterneuburger Straße 93-97
Tel.: 330 99 83, 330 99 84

21. Bezirk
Hallen- und Saunabad Floridsdorf
Franklinstraße 22
Tel.: 271 13 47, 271 13 48

Hallen- und Saunabad Großfeldsiedlung
Oswald-Redlich-Straße 44
Tel.: 258 25 64, 258 25 65

22. Bezirk
Hallen- und Saunabad Donaustadt
Portnergasse 38
Tel.: 203 43 21, 203 43 22

Klettern

Climbing City
Halle 32 A, Wiener Messegelände,
Klettern mit spezieller Kinderwand.

Klettern am Flakturm (ÖAV)
Haus des Meeres
6. Bezirk, Flakturm Esterházypark
Tel.: 585 47 48

Österreichischer Alpenverein (ÖAV)
1. Bezirk, Rotenturmstraße 14
Tel.: 513 10 03
www.alpenverein.at

Jugend im Alpenverein (ÖAV)
1. Bezirk, Walfischgasse 12
Tel.: 513 85 00-18
www.alpenverein.at
www.oeav-events.at/jugend

Österreichischer Touristenklub (ÖTK)
1. Bezirk, Bäckerstraße 16
Tel.: 512 38 44
www.touristenklub.at

Alpinschule Edelweiß
1. Bezirk, Walfischgasse 12
Tel.: 513 85 00
www.oeav-events.at/edelweiss

Alpinschule Peilstein
Sektion Gebirgsverein
8. Bezirk, Lerchenfelder Straße 28
Tel.: 405 26 57
www.kletterzentrum.at

Eislaufen

Österreichischer Eislaufverband
4. Bezirk, Prinz-Eugen-Straße 12
Tel./Fax: 505 75 35

Sportanlage Windtenstraße (Eisring Süd)
10. Bezirk, Windtenstraße 2
Tel.: 604 44 43, Fax: 604 44 43-20

Eissport-Klub Engelmann
17. Bezirk, Syringgasse 6-14
Tel.: 405 14 25-0
Eislaufkurse für Kinder ab 2 Jahren. Kontakt: Helmut Sieber
Tel.: 804 93 91

Wiener Eissportclub Donaustadt
Albert-Schultz-Eishalle
22. Bezirk, Attemsgasse 1
Tel.: 204 85 80
Eislaufkurse für Kinder ab 4 Jahren. Tel.: 0676/327 46 50

Wiener Eislauf-Verein
3. Bezirk, Lothringerstraße 22
Tel.: 713 63 53-0
Kurse für Kinder ab 4 Jahren.

Eissportclub Stadthalle, Halle C
15. Bezirk, Vogelweidplatz 14
Tel.: 98 100-0
Kurse für Kinder ab 4 Jahren.
Tel.: 0676/327 46 40

Naturplätze

Das schönste Eislaufvergnügen gibt es natürlich auf Natureis. Wenn es lange eiskalt ist, dürfen die Naturplätze gratis oder gegen sehr geringe Gebühr zwischen 9 Uhr und Einbruch der Dunkelheit benutzt werden. Wenn die Alte Donau zugefroren ist, kann man dort seine Spuren ins Eis ziehen.
In manchen Wiener Parks entstehen im Winter auch auf den Betonplätzen geniale Eislaufmöglichkeiten. Besonders romantisch ist der Eislaufplatz vor dem Wiener Rathaus von Ende Jänner bis Anfang März. Wahrscheinlich heißt er deshalb „Eistraum"!

Informationen über Natureislaufplätze unter Tel.: 0664/832 65 18 und **www.via-donau.org**

Unsere Liste der Natureislaufplätze:
8. Bezirk, Buchfeldgasse 7a/Ecke Schmidgasse
14. Bezirk, 48-er Platz, zwischen Müllverbrennungsanlage, Hanusch-Krankenhaus und Friedhof
16. Bezirk, Gallitzinstraße 4
19. Bezirk, Osterleitengasse
22. Bezirk, Emichgasse

Eislaufen auf der Alten Donau

Unsere Liste der Kunstbahnen:
Die meisten Kunstbahnen bieten ein Spitzen-Kinderprogramm mit Faschingsfesten, Eisdisco und lustigen Spielen.

Wiener Eislauf-Verein
3. Bezirk, Lothringerstraße 22
Tel.: 713 63 53-0

Wiener Stadthalle, Halle C
15. Bezirk, Vogelweideplatz 14
Tel.: 981 00-0

Kunsteisbahn Engelmann
17. Bezirk, Syringgasse 6–8
Tel.: 405 14 25

Albert-Schultz-Eishalle
22. Bezirk, Attemsgasse 1
Tel.: 204 85 80
Ab Ende September;
Sa 13-18 Uhr
Eisdisco.

Ein unvergessliches Erlebnis für alle Wasserratten: Segeln auf der Alten Donau, wie hier bei Kursen der Segelschule Hofbauer.

Hier kannst du ein Boot mieten:

Alte Donau

Ing. Friedrich Eppel
22. Bezirk, Wagramer Straße 48a
Tel.: 263 35 30
Geöffnet: Ostern bis Ende September von 9–19 Uhr.

Segelschule Hofbauer
22. Bezirk
An der oberen Alten Donau 184-186
Tel.: 204 34 35
www.hofbauer.at
Hier kannst du nicht nur Boote ausleihen, sondern auch einen Kinderferienkurs im Segeln und Surfen machen. Geöffnet von 9 Uhr bis Sonnenuntergang.

Segel- und Surfschule Wien
Bootsverleih, Ing. Wolfgang Irzl
22. Bezirk
An der unteren Alten Donau 29
(Zufahrt: Florian-Berndl-Gasse 33-34)
Tel.: 203 67 43, www.irzl.at
Geöffnet von Mitte April bis Ende September, 9–20 Uhr.
Segel- und Surfkurse.

Robert Newrkla
21. Bezirk
An der oberen Alten Donau 20
Tel.: 272 16 44
Ende März/Anfang April bis Anfang Oktober, von 10–23 Uhr.

Silvia Schneider
22. Bezirk, Wagramer Straße 48b
Tel.: 263 37 16
Ostern bis Ende September, von 9–20 Uhr.

Neue Donau

Gmeiner
22. Bezirk, Linkes Donauufer, an der Überfuhrstraße, auf der Höhe der Jedleseer Brücke

Prater

Reichl
2. Bezirk, Heustadlwasser 127
Tel.: 728 10 82
März bis September, von 9–19 Uhr.
Hier gibt's Ruderboote und Kanus.

Beachvolleyballplätze

2. Bezirk
Prater-Hauptallee (Sportclubstraße/Rustenschacherallee)
Prater, Jesuitenwiese
Netzverleih für den 2. Bezirk
Prater-Hauptallee 2
Tel.: 720 32 66,
Montag bis Freitag, 7–15 Uhr

Venediger Au

5./12. Bezirk
Margaretengürtel/
Gaudenzdorfer Gürtel –
„Trendsportmeile"

6. Bezirk
Huber-Marischka-Park

9. Bezirk
Rossauer Lände, Summer Stage

10. Bezirk
Johann-Benda-Park
Laaerbergbad
Waldmüllerpark
Windschutz PAHO

11. Bezirk
beim Krematorium
Leberberg

12. Bezirk
Simmeringer Bad
Dunklergasse – U4/U6-Linse
(Trendsportanlage, 24-Stunden-Jugendpark)

17. Bezirk
Spitzackergasse 4

18. Bezirk
Schafbergbad
Türkenschanzpark

19. Bezirk
Krapfenwaldlbad

20. Bezirk
Allerheiligenpark
Netzverleih für den 20. Bezirk:
20., Allerheiligenplatz/
Donaueschingenstraße
Tel.: 332 30 44
Mo bis Fr von 7–15 Uhr

21. Bezirk
Angelibad
Kürschnergasse/Gitlbauergasse
Raphael-Donner-Allee
Strandbad Alte Donau
Strandbad Gänsehaufel
Carlbergergasse

23. Bezirk
Fridtjof-Nansen-Park
Höpflerbad
In der Wiesen

Für Kinder von 7 bis 15, die richtige Beachvolleyball-Profis werden wollen, gibt es Feriencamps
Tel.: 291 25-0
www.feriencamps.at
Die Kurse finden im Sportzentrum Strebersdorf (21. Bezirk, Anton-Böck-Gasse 20) in den Monaten Juli und August statt.

Bowling

Brunswick Bowling Prater
2. Bezirk, Prater, Hauptallee 124
Tel.: 728 07 09
www.us-play.com
Hier gibt's Kinderfeste und Kinder-Turniere!

Cumberlandbowling
14. Bezirk, Cumberlandstraße 102
Tel.: 895 98 75
www.sportcentercumberland.at

Plus Bowlinghalle
17. Bezirk, Beheimgasse 5–7
(2. Eingang: Jörgerstraße 24), Tiefgarage
Tel.: 405 63 20
www.plusbowling.at

Brunswick Bowling Wien-Hernals
17. Bezirk, Schumanngasee 107
Tel.: 486 43 61
www.us-play.com
Kinderfeste und Kinderturniere!

Florido-Bowling
21. Bezirk, Pitkagasse 4
Tel.: 271 40 51
www.bowlingcenter.at

Unterwegs mit dem Skateboard

2. Bezirk
Prater, Rustenschacherallee/Hauptallee

3. Bezirk
Stadtpark

4. Bezirk
Resselpark

5. Bezirk
Margaretengürtel/Arbeitergasse

9. Bezirk
Arne-Carlsson-Park

10. Bezirk,
Kurpark Oberlaa
Löwygrube, nahe Böhmischem Prater
Neilreichgasse, gegenüber Bendapark

11. Bezirk
Muhrhoferweg
Simmeringer Hauptstraße, vor dem Krematorium
Stadtpark Leberberg

12. Bezirk
Dunklergasse – U4/U6-Linse (Trendsportanlage)
Haydnpark
Jägerhausgasse/Herviciusgasse

14. Bezirk
Cossmanngasse

15. Bezirk
Auer-Welsbach-Park

16. Bezirk
Kendlerstraße 38, Nähe U3

17. Bezirk
Lidlpark

18. Bezirk
Türkenschanzpark
Währinger Park

20. Bezirk
Anton-Kummerer-Park
Forsthauspark

21. Bezirk
Am Mühlweg/Eichenfeldgasse
Donaufelder Straße (autofreies Wohnen)
Donauinsel-Nord (Nähe Floridsdorfer Brücke)
Kürschnergasse/Gitlbauergasse
Lüssenpromenade

22. Bezirk
Donauinsel-Süd (Steinspornbrücke)
Donaupark

23. Bezirk
Carlbergergasse
Fridtjof-Nansen-Park
Hans-Mayr-Park
In der Wiesen

Rauf auf die Rampe:
Wien ist auch ein Skaterparadies.

Wiener Jugendzentren

Sport und Spaß wird in den Wiener Jugendzentren groß geschrieben. Infos über Aktionen in deiner Nähe:
www.jugendzentren.at
Tel.: 278 76 45

Wien entdecken als Künstler

Was dich hier erwartet:

- ☞ Wie aus Friedrich Friedensreich wurde
- ☞ Kinderliteratur in Wien: Nöstlinger & Lobe
- ☞ Ein Haus für Musik
- ☞ Bühne frei für Kinder

Franz-Ferdinand: „Du, Poldi, weißt du, warum die hier in Wien überall diesen Satz hinschreiben: ‚Wien ist anders'?"

Poldi: „Puuh, das ist eine schwere Frage. Wahrscheinlich, weil Wien eben so anders ist."

Franz-Ferdinand: „Wie, anders?"

Poldi: „Naaah. Ähh. Anders halt. Anders als die anderen großen Städte."

Franz-Ferdinand: „Ach, jetzt versteh' ich das. Die wollen damit sagen, dass Wien was ganz Besonderes ist."

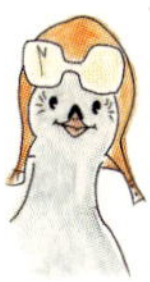

Poldi: „Genau, weil es so viele Bäume gibt, so viele Spielplätze, aber auch so viele wunderbare Künstler, die hier gelebt haben und leben."

Franz-Ferdinand: „Ja, stimmt. – Wen genau meinst du denn jetzt so ...?"

Poldi: „Na, da fallen mir einige Namen ein. Und ich erzähl' am besten gleich einmal von einem ganz berühmten Maler. Und wie der in Wien Maler wurde ..."

Wie aus Friedrich Friedensreich wurde

Es ist eine unglaublich schöne Geschichte, die in Wien zu einer Zeit ihren Anfang nahm, als es hier gar nicht so schön war. Damals führten Konflikte zwischen mehreren Staaten zu einem fürchterlichen Krieg, der viele Menschen sehr traurig und ängstlich gemacht hat. Und ein Bub, der gerade 10 Jahre alt war, musste zu seiner Tante und seiner Großmutter in die Obere Donaustraße übersiedeln, weil er Jude war. Das war eine gefährliche Zeit in Wien, besonders wenn man Jude war. Verbrecher machten Gesetze gegen Menschen, die anders sprachen, dachten, eine andere Religion oder eine andere Hautfarbe hatten. Deshalb mussten die Juden damals auch in Wien einen gelben Stern tragen, und dumme Menschen ohne Stern schubsten Menschen mit Sternen einfach herum und befahlen ihnen, die Straße aufzuwischen. Die ohne Stern glaubten nämlich, sie wären was Besseres.

Der Wiener Bub hieß damals noch **Friedrich Stowasser** und seine liebste Beschäftigung war – neben Musik machen, herumtoben, sich lustige Spiele ausdenken – das Malen. Friedrich ging in eine Montessori-Schule. Und dort erlebte er, wie es ist, wenn man Teil eines Ganzen ist. Das Ganze war die Schule: also die Kinder, die Lehrerinnen und Lehrer und sogar der Schulwart. Und Friedrich träumte manchmal von bunten Spiralen, die sich von innen nach außen und von außen nach innen drehen. Der Krieg war fürchterlich, aber wenn Friedrich malte, dann ging es ihm besser. Und er merkte, dass er mit seinen Bildern auch anderen Menschen Freude bereitete. Wenn diese seine Zeichnungen sahen, lächelten sie. Das war für Friedrich wie Zauberei.

Einmal war sogar ein Zirkus in der Stadt und Friedrich sah, dass dort ein Maler mit seiner Staffelei unten am Donaukanal saß und den Zirkus Rebernig malte. Also rannte Friedrich schnell nach Hause, holte seine Malsachen, stellte sich zu dem Maler und begann auch zu malen. Er fühlte sich dabei schon wie ein großer, richtiger Maler.
Als dieser grausame Krieg endlich vorbei war, hatte Friedrich viele seiner Verwandten verloren. Sie waren alle verschleppt und getötet worden. Er war traurig, aber das Malen tröstete ihn. Als er die Matura geschafft hatte, ging Friedrich sogar auf die Akademie, um Malerei zu studieren. Er blieb aber nur drei Monate, weil die ihm dort Malerei beibringen wollten. Dabei konnte er ja schon malen. Das sagte er den Leuten dort auch. Er meinte, dass Malen ein Ausdruck von dem ist, was er erlebt hatte – von innen nach außen. Und es wirkt auch von außen nach innen, weil die Welt um ihn herum ja in Gestalt von Bildern in ihn hineingeht: wie bei einer Spirale, die sich von innen nach außen und wieder von außen nach innen dreht.

Die Herren an der Akademie verstanden diese einfachen Sachen aber nicht. Und so beschloss Friedrich ganz selbstständig, Malerei zu studieren, indem er es einfach jeden Tag aufs Neue probierte. Arbeiten und dabei Lernen, das machte er. Und weil er wusste, dass es nichts Wichtigeres gibt als Frieden, nannte er sich von jetzt an nicht mehr Friedrich Stowasser, sondern **Friedensreich Hundertwasser.**

An alle Kinder, die auch malen wollen, schrieb er vor über 50 Jahren folgende Zeilen:
„Warum man die Kinder nicht malen läßt am Trottoir (= Gehsteig) ihre Figuren und an den Wänden und Mauern der Straßen ihre Linien zeichnen? Ich schwöre, laßt sie zeichnen ihre Linien echten dicken Goldes ... laßt die Kinder sprechen und die Maler und Architekten, laßt die reden, die von einer neuen Religion wissen, laßt die handeln, die ihr verlacht, nicht bemerkt und die euch doch Gutes wollen."

Heute kannst du ganz viele Dinge, die Friedensreich Hundertwasser gemalt, geplant und gebaut hat, auch in Wien sehen. Schau dir zum Beispiel das einzigartige Hundertwasserhaus an. Das ist ein ganz besonderes Haus, in dem es keine geraden Linien gibt. Da ist alles wunderbar bunt und sogar Bäume wachsen aus den Mauern heraus. Hundertwasser hat in Wien auch die **Müllverbrennungsanlage Spittelau** so hübsch verziert, dass man dabei fast vergessen könnte, dass dort drin Unmengen an Mist verbrannt werden.

Das Hundertwasserhaus in Zahlen und Fakten

Das bunte Haus liegt im 3. Bezirk ganz in der Nähe vom Donaukanal, wo Friedensreich Hundertwasser seine ersten Bilder gemalt hat. Es wurde in zwei Jahren (1983–1985) aufgebaut und befindet sich im Eigentum der Gemeinde Wien. 50 Wohnungen von ganz klein (36 Quadratmeter) bis ganz groß (150 Quadratmeter) befinden sich in diesem lustigen Haus. Dazu gibt's zwei Kinderspielplätze und einen Wintergarten, 5 Geschäftslokale und eine Arztpraxis. Auf den Dachterrassen liegen 900 Tonnen Erde. Und ganz schön grün ist das Haus auch noch, weil es 250 Bäumen und Pflanzen Platz bietet. Du kannst dir im Internet schon mal einige Fotos anschauen: **www.kunsthauswien.com**

Kunsthaus Wien

3. Bezirk, Untere Weißgerberstraße 13
www.kunsthauswien.at
Tel.: 712 04 95-12
Öffnungszeiten: täglich von 10–19 Uhr
U1, U4 Schwedenplatz, **Straßenbahnlinie N** Radetzkyplatz
U3, U4 Wien Mitte, **Straßenbahnlinie O** bis Radetzkyplatz
Eintritt: freier Eintritt für Kinder bis 10, für Erwachsene jeden Montag 50 % ermäßigt, ausgenommen Feiertag

Phantasiereisen, Spielführungen, Ferienspiele, Kindergeburtstage, kreatives Gestalten, ein kinderfreundliches Restaurant mit Garten und beim Reingehen gibt's für jedes Kind einen Sack mit Zeichenvorlagen, Stiften und Luftballons – das nenn' ich ein kinderfreundliches Museum! Und hier drin dreht sich alles um Friedensreich Hundertwassers Zauberwelt – und die ist ja bekanntlich auch eine der kinderfreundlichsten überhaupt. Außerdem gibt es einen Spaziergang auf den Spuren Hundertwassers durch die Stadt, eine Busrundfahrt und eine Fiakerrunde oder eine Schiffstour auf der Vindobona den Donaukanal entlang. Dieses Schiff hat nämlich auch Hundertwasser gestaltet.

Kinderliteratur in Wien: Nöstlinger & Lobe

Es gibt in Wien natürlich nicht nur wunderbare Maler. Wien ist auch eine Stadt der Bücher. Kennst du *Das kleine Ich bin Ich?* Oder die *Geschichten vom Franz*? Die Autorinnen, die diese Bücher geschrieben haben, heißen Mira Lobe und Christine Nöstlinger.

Mira Lobe ist leider schon vor über 10 Jahren gestorben, aber ihre wunderschönen Geschichten leben weiter. Sie handeln von Außenseitern und Schwachen und vom Recht auf Selbstbestimmung. Das Buch *Valerie und die Gute-Nacht-Schaukel* wurde sogar ein erfolgreiches Kinder-Musical. Mira Lobe wurde als Hilde Mirjam Rosenthal 1913 in Görlitz, Schlesien, also in Deutschland geboren. Sie arbeitete als Buchbinderin und schrieb 1947/48 ihre ersten Kinderbücher in hebräischer Sprache, weil sie damals in Israel lebte. 1936 hatte sie Deutschland nämlich verlassen müssen, weil sie Jüdin war. Du weißt schon: die furchtbar böse Geschichte mit dem gelben Stern und mit Menschen, die glaubten, etwas Besseres zu sein. Eine dieser Geschichten heißt *Insu-Pu* und handelt auch von einem Kind, das wegmuss aus seiner Heimat, um in ein fremdes Land zu ziehen. Dieses Buch wurde 1951 in Wien in deutscher Sprache veröffentlicht. Von 1950 an lebte Mira Lobe mit einer Unterbrechung in Wien. Mit mehreren Dutzend Werken, viele von Susi Weigel und Angelika Kaufmann illustriert, zählt Mira Lobe zu den bedeutendsten Kinder- und Jugendbuchautorinnen Österreichs. Sie erhielt auch ganz viele Auszeichnungen. Wenn du ihre Bücher liest, wirst du sehen, dass sie die alle verdient hat. Ihre Geschichten sind wunder-wunderschön. Wenn du mehr wissen willst, schau mal ins Internet unter **www.miralobe.at.**

Meine zweite Lieblingsautorin ist **Christine Nöstlinger.** Sie wurde 1936 in Wien geboren und lebt auch hier. Auch sie hat ganz viele wichtige Preise mit ihren Büchern gewonnen und ich hoffe, dass sie noch ganz viele Geschichten erfindet und aufschreibt. Sie kann so lustig auch über ganz traurige Sachen schreiben. Es geht in ihren Büchern oft um Themen, über die manche Menschen nicht gerne sprechen, die aber viele von uns betreffen. Scheidungen zum Beispiel. Das ist ganz schön hart, wenn man selber so was als Kind erlebt, und Christine Nöstlinger spricht diese Tabuthemen offen an. Das hilft, wenn man sieht, dass man mit solchen ernsten Problemen nicht alleine ist auf der Welt! Außerdem gibt es auch sehr schöne Bilder in ihren Büchern. Die macht meistens ihre Tochter Christiane. Hier nur einige Buchtitel von Nöstlinger, die ja schon an die 150 Bücher geschrieben hat: *Die feuerrote Friederike; Ein Mann für Mama; Maikäfer flieg; Die unteren 7 Achtel des Eisbergs; Dschi-Dsche-i-Dschunior; Das Austauschkind; Am Montag ist alles ganz anders; Haushaltsschnecken leben länger; Der geheime Großvater; Man nennt mich Ameisenbär,* 1986; *Die nie geschriebenen Briefe der Emma K., 75,* 1988; *Der Zwerg im Kopf,* 1989; *Einen Löffel für den Papa,* 1989.

Besonders schön sind die Buchreihen von *Dani Dachs* oder ihre *Geschichten vom Franz* oder *Mini.* Franz ist ein Bub, der eine Mama, einen Papa und einen gemeinen

Bruder, den Josef, hat. Er hat blonde Locken und einen roten Kirschmund. Manche halten ihn sogar für ein Mädchen und wenn er sich aufregen muss, bekommt er eine furchtbar hohe Piepsstimme. Seine beste Freundin heißt Gabi, das ist seine Nachbarin. Seine Erlebnisse spielen sich fast immer in Wien ab, und so kann man sich bestens vorstellen, wie und wo die Geschichten genau ablaufen.

Mini hat eine Mama, einen Papa und ebenfalls einen gemeinen Bruder, den Moritz. Sie ist für ihr Alter sehr groß und dünn. Das bereitet ihr oft Sorgen, bis sie in die erste Klasse Volksschule kommt und die Maxi kennen lernt. Die ist nämlich klein und wäre viel lieber so groß wie die Mini *(Mini muss in die Schule).* Auch sie erlebt die lustigsten Geschichten und um ihre Erlebnisse beneide ich sie manchmal richtig. Außerdem hat sie unheimlich liebe Eltern, die mit ihr tolle Ausflüge und Urlaube unternehmen. Wenn du mehr wissen willst, schau unter
www.patmos.de unter dem Link Autoren nach.

Neben Büchern findest du im KinderLiteraturHaus Wien (S. 129) auch Spiele mit Buchstaben und Wörtern.

Unsere Tipps für Künstler

Malen

Wenn du selbst als Maler aktiv werden willst, gibt es neben den speziellen Malangeboten in den einzelnen Museen noch drei weitere wunderbare Adressen:

Erste Wiener Kindergalerie Lalibela

2. Bezirk, Obere Augartenstraße 26–28, **Tel.:** 603 86 06
www.kindergalerielalibela.info

Kinder Atelier Wien

15. Bezirk, Löhrgasse 10, **Tel.:** 985 3756
www.kinderatelier.at

Das Sommerschloss des Prinzen Eugen: das Obere Belvedere.

Österreichische Galerie im Schloss Belvedere

3. Bezirk, Rennweg 6, Prinz-Eugen-Straße 27
www.belvedere.at mit eigenen Kinderseiten!
Tel.: 795 57-134
Öffnungszeiten: Di bis So 10–18 Uhr
Straßenbahnlinie D, Bus 13A
Eintritt: Kinder bis 10 Jahre freier Eintritt
Aktionstage: KiDis-Materialbeitrag 3,50 €, Begleitpersonen 4 €

Eine inspirierende Umgebung für jeden angehenden Künstler. Berühmte Gemälde von Klimt oder Monet hängen hier, wunderschöne Bildhauerarbeiten und eindrucksvolle Werke mittelalterlicher Kunst wie Prunkgewänder, Ritterrüstungen und Schmuck. Im prächtigen barocken Sommerschloss des Prinzen Eugen ist Kunst aber nicht nur zu bestaunen. Du kannst selbstverständlich auch selbst aktiv werden bei Malwettbewerben, dem offenen Kinderatelier oder Kunstspielnachmittagen.

Junge Künstler können im Belvedere ihre ersten Erfahrungen in einem anregenden Umfeld sammeln.

Ein Haus für Musik

1. Bezirk, Seilerstätte 30
www.hdm.at
Tel.: 516 48
Öffnungszeiten: 10–22 Uhr
Eintritt: Kinder 5,50 €,
Erwachsene 10 €

Manche behaupten, in Wien läge Musik in der Luft. Wir haben davon, obwohl wir hier viel rumkommen, nix bemerkt. Außer es gibt ein Freiluftkonzert im Praterstadion oder auf der Donauinsel. Oder vielleicht sind damit auch die Straßenmusiker, die in der Innenstadt spielen, gemeint. Das gefällt uns nämlich auch sehr gut. Es gibt aber einen Ort, wo wirklich immer Musik in der Luft liegt: Das **Haus der Musik** ist ein Klangmuseum der ganz besonderen Art. Hier wirst du entführt in eine Zauberwelt, die aus Musik besteht. Du darfst fast alles angreifen, selber entdecken und ausprobieren. Selbstverständlich kannst du auch musizieren und dir sogar einen Walzer erwürfeln. Außerdem kannst du ein echter Dirigent sein. Es gibt eine große Videowand, auf der du die berühmten Wiener Philharmoniker siehst und du kannst sie mit einem speziellen Dirigentenstab mit eingebautem Laser anleiten. Du kannst zwischen mehreren sehr bekannten Musikstücken wählen. Das ist super interessant, vor allem wenn du merkst, wie die Musiker wirklich langsamer werden oder plötzlich ganz schnell spielen, je nachdem, wie du den Stab schwingst. Wenn es ihnen reicht, springt einer der Herren in einem Pinguinanzug auf und beginnt zu schimpfen. Extrem lustig!
Sehr viel Spaß bereitet dir sicher auch die **Brain Opera,** die Musizieren an futuristischen, computergesteuerten Instrumenten ermöglicht. Schließlich findest du noch Informationen zu jedem berühmten Komponisten und großen Meister, der seine Musik zum Teil auch in Wien geschrieben hat: Joseph Haydn, Wolfgang Amadeus Mozart, Ludwig van Beethoven, Franz Schubert, Johann Strauß, Gustav Mahler.

Neidhart und der übel stinkende Streich

Neidhart ist ein Dichter, der vor fast 800 Jahren sehr bekannt war. Seine lustigen Gedichte und Gesänge fanden die Leute am Hof des Herzogs sehr unterhaltsam. Er war eben nicht ein Minnesänger – so nannte man damals Dichter, weil diese oft von der „Minne", also der Liebe sangen. Er dichtete gerne witzige Sachen. Neidhart machte sich in seinen Versen ziemlich oft über die Bauersleute lustig. Das fanden diese natürlich gar nicht zum Lachen und deshalb war Neidhart bei den Bauern am Land nicht sehr beliebt. Eines Tages sollte sich dies für Neidhart bitter rächen.

Es gab damals einen schönen **Frühlingsbrauch:** Wer das erst Veilchen auf der Wiese fand, deckte es ab und lief schnell zum Hof des Herzogs, um zu verkünden: Der Frühling ist da! Danach zog der gesamte Hofstaat zu der Stelle des Veilchens, um dort den Frühling mit Tänzen und Feiern zu begrüßen.

Neidhart fand eines Tages, nach einem besonders langen Winter, das erste Veilchen auf einer Wiese vor dem Kahlenberg. Er freute sich natürlich sehr, diese frohe Kunde der Herzogin und dem Herzog bringen zu können. So deckte er das Veilchen mit seinem Hut zu und eilte Richtung Stadt. Ein Bauer hatte aber den ungeliebten Sänger beobachtet. Nun folgte die Rache: Der Bauer riss das Veilchen aus, hockte sich nieder, verrichtete seine Notdurft genau an dieser Stelle und legte wieder den Hut darauf. Mit dem Veilchen in der Hand lief er in sein Dorf, um allen zu erzählen, welchen Streich er Neidhart gespielt hatte.

Bald darauf erschien Neidhart wieder am Fuß des Kahlenbergs und er hatte den ganzen Hofstaat und jede Menge junger Leute, die das Veilchenfest feiern wollten, mitgebracht. Als aber nun der Hut vor dem Herzog und der Herzogin aufgehoben wurde, brach großes Gelächter aus. Statt des erwarteten Veilchens kam die übel riechende, dampfende Spottgabe des Bauern zum Vorschein.
Neidhart war die Sache fürchterlich peinlich.

Tipp: Schau dir die Neidhart-Fresken im 1. Bezirk an, im Haus Tuchlauben 19, dort findest du, wenn du genau schaust, auch die Szenen dieses Veilchenfestes an die Wand gemalt.

Albertina – wo der berühmteste Hase der Welt wohnt

1. Bezirk, Albertinaplatz 1
www.albertina.at
Tel.: 534 83-0
Öffnungszeiten: Mo bis So 10–18 Uhr, außer Mi 10–21 Uhr
U1, U2, U4, Straßenbahnlinien 1, 2 Karlsplatz hinter der Staatsoper
Eintritt: Familienticket: 2 Erwachsene plus Schulkinder € 21.

In der Albertina befindet sich die größte und wertvollste grafische Sammlung der Welt. Stell dir vor: 70.000 Zeichnungen und mehr als eine Million Druckgrafiken von ganz alt bis super neu liegen dort in den Speichern. Die Künstler, die die Sachen gezeichnet haben, sind alle sehr, sehr berühmt: Leonardo, Michelangelo, Raffael, Dürer (das ist der, der den wohl berühmtesten Hasen der Welt gezeichnet hat), Rembrandt, Rubens, Manet, Cézanne, Schiele, Klimt, Kokoschka, Warhol, Rauschenberg, Baselitz (seine Bilder stehen immer auf dem Kopf, deshalb merk' ich mir den so gut). Und die Zeichnungen dieser berühmten Künstler sind sehr sensibel und lichtempfindlich. Da muss genau aufgepasst werden, dass die Sachen nicht zu lange den Ausstellungsscheinwerfern ausgesetzt sind. Daher hängen die dort arbeitenden Leute immer wieder neue Bilder auf und räumen die anderen zurück in den dunklen Speicher. Jeden Sonntag (von 15.30 bis 18 Uhr) ist Familientag; da findet eine Mitmachführung statt, bei der du selbst loslegen kannst.

Kunsthistorisches Museum

1. Bezirk, Maria-Theresien-Platz
www.khm.at
Tel.: 525 24-0
Straßenbahnlinie 1, 2 Burgring KHM
Eintritt: Erwachsene € 10, Familienkarte (2 Erwachsene und maximal 3 Kinder) € 20.

Worauf hast du heute Lust: Lipizzaner Museum, Wagenburg, alte Musikinstrumente, Ägyptisch-Orientalische Sammlung, Antikesammlung und Ephesos-Museum, Hofjagd- und Rüstkammer, Schatzkammer, Kunstkammer oder Gemäldegalerie. Informationen zu solchen Kinderführungen gibt's unter der **Durchwahl -416** oder per E-Mail-Anfrage an **info.mup@khm.at.** Oder du kommst gleich am Donnerstag (Kinder von 5–8 Jahren) oder am Samstag (9–12 Jahre), da gibt es um 15 Uhr kostenlose Kinderführungen, wo dich „das größte Bilderbuch der Welt" zu einem spannenden Rundgang entführt. Deine erwachsenen Begleiter zahlen den ermäßigten Eintrittspreis.

MAK – Österreichisches Museum für angewandte Kunst

1. Bezirk, Stubenring 5
www.mak.at
Tel.: 711 36-0, Hotline 712 80 00
Öffnungszeiten: Mi bis So 10–18 Uhr, Di 10–24 Uhr, Mo geschlossen
U3, Straßenbahnlinien 1, 2, Bus 1A, 74A bis Stubentor, **U4** Landstraße
Eintritt: Jeden Samstag freier Eintritt, Schulklassen immer freier Eintritt
Familienkarte (2 Erwachsene plus Kind) 11 €

Supercooles Museum! Vor allem die Programme für Schulen sind unglaublich vielfältig: Tiergeschichten, Geschichten aus China und Japan, Kunterbunt – Farben im MAK, Museumsgeschichten, Sitzgeschichten, Orientalische Geschichten und vieles mehr. Informationen zu den verschiedenen Themen gibt es unter der Telefonnummer **711 36-298** oder per E-Mail-Anfrage: **education@mak.at.**

Kunstforum

1. Bezirk, Freyung 8
www.kunstforumwien.at
Tel.: 537 33-0

Auch hier gibt's Kinderprogramme zu den jeweiligen Ausstellungen.

MUMOK
Museum Moderner Kunst Stiftung Ludwig im MuseumsQuartier

7. Bezirk
MuseumsQuartier/Museumsplatz 1
www.mumok.at
Tel.: 525 00
Öffnungszeiten: Di bis So 10–18 Uhr, Do 10–21 Uhr
für Schulklassen schon ab 9 Uhr zugänglich
U2 Museumsquartier
Eintritt: Kinder 2 €, Erwachsene 8 €

Hier kommt niemals Langeweile auf: Außerirdische landen im MUMOK und entdecken seltsame Dinge. Kunstwerke? Hier kannst du moderne Kunst nicht nur erforschen, sondern selbst machen. Architektur, Malerei, Musik, alles hat hier seinen Platz und du darfst es entdecken!
Informationen zum jeweiligen Programm unter der Telefonnummer **525 00-1313** oder per E-Mail-Anfrage **kunstvermittlung@mumok.at.**

Secession

1. Bezirk, Friedrichstraße 12
www.secession.at
Tel.: 587 53 07
Öffnungszeiten: Di bis So 10–18 Uhr, Do 10–20 Uhr
Führungen Sa 15 Uhr, So 11 Uhr
U1, U2, U4 Karlsplatz
Eintritt: Kinder 3,50 €, Erwachsene 6 €, plus Führung 1,50 € pro Person

Wie entsteht eigentlich eine Ausstellung? Hier kannst du mit deiner Schulklasse auch mal hinter die Kulissen blicken. Natürlich gibt es auch Führungen zu anderen Themen. Infos unter **587 53 07-11** oder E-Mail-Anfrage **kunstvermittlung@secession.at.**

Bühne frei für Kinder

Österreichisches Theatermuseum – Kindertheatermuseum

1. Bezirk, Lobkowitzplatz 2
www.theatermuseum.at
Tel.: 512 88 00-610
Theater-Geschichten, Masken-Geschichten, Kasperl-Geschichten, Kostüm-Geschichten, Schatten-Geschichten, Herbst- und Winter-Geschichten – die Leute dort haben offensichtlich eine ganze Menge zu erzählen. Und du kannst mitmachen und dich selbst als Schauspieler versuchen oder einfach nur zusehen und genießen. Genaue Infos zu den aktuellen Angeboten unter der obigen Telefonnummer oder per E-Mail-Anfrage an: **karin.moertl@theatermuseum.at**

Kindertheater-Informationsbüro Freies Theaterhaus für Kinder

6. Bezirk, Gumpendorfer Straße 63b
www.freietheater.at
Tel.: 403 87 94

Dschungel Wien

Dschungel Wien – Theaterhaus für junges Publikum

7. Bezirk, MuseumsQuartier
www.dschungelwien.at
Tel.: 522 07 20-20

Burg- und Akademietheater

1. Bezirk, Dr.-Karl-Lueger-Ring 2
www.burgtheater.at
Tel. 514 44-4101

Theater der Jugend

7. Bezirk, Neubaugasse 36
www.tdj.at
Tel.: 521 10-0

Gecko-Art

8. Bezirk, Auerspergstraße 13/28
Tel.: 406 90 02

Kabarett Niedermair

8. Bezirk, Lenaugasse 1a
www.niedermair.at
Tel.: 408 44 92

Orpheum Wien

22. Bezirk, Steigenteschgasse 94b
www.orpheum.at
Tel.: 481 17 17

Vindobona

20. Bezirk, Wallensteinplatz 6
www.vinobona.at
Tel.: 332 42 31

Odeon Theater

2. Bezirk, Taborstraße 10
www.odeon-theater.at
Tel.: 216 51 27, 214 55 62

Aera – die Bühne

1. Bezirk, Gonzagagasse 11/
Ecke Werdertorgasse
www.aera.at
Tel.: 533 53 14

Theater Akzent

4. Bezirk, Theresianumgasse 18
www.akzent.at
Tel.: 501 65-3306, **Fax:** 501 65-3399

WUK KinderKultur

9. Bezirk, Währinger Straße 59
www.wuk.at
Tel.: 401 21-0, 401 21-65 (Karten)

Theater am Spittelberg

7. Bezirk, Spittelberggasse 10
www.theateramspittelberg.at
Tel.: 526 13 85

Theaterlabor

18. Bezirk, Lazargasse 2
www.theaterlabor.com
Tel.: 990 45 97 oder
Tel.: 0650/990 45 97

Kasperl

Wiener Urania-Puppentheater

1. Bezirk, Uraniastraße 1
www.kasperlundpezi.at
Tel.: 714 36 59

Original Wiener Praterkasperl

2. Bezirk, Straße-des-Ersten-Mai
Bude 118 B
www.praterkasperl.at

Puppentheater

Der Bogen

9. Bezirk, Berggasse 29
www.derbogen.at
Tel.: 0664/864 83 08, 02242/331 90

Figurentheater Lilarum

3. Bezirk, Göllnergasse 8
www.lilarum.at
Tel.: 710 26 66

Puppenspiele im Waldorf-Kindergarten

23. Bezirk, Marktgemeindegasse 42
Tel.: 888 06 47

Puppenbühne der Wiener Kinderfreunde

8. Bezirk, Albertgasse 23
www.wien.kinderfreunde.at
Tel.: 401 25-24

Marionettentheater Schloss Schönbrunn

13. Bezirk, Schloss Schönbrunn
www.marionettentheater.at
Marionettentheater, Hofratstrakt
Tel.: 817 32 47

Märchenbühne Der Apfelbaum

7. Bezirk, Kirchengasse 41
www.maerchenbuehne.at
Tel.: 523 17 29-20

Kindertheatergruppen

AMISNUh theaterstudio

3. Bezirk, Landstraßer Hauptstraße 83
Tel.: 713 62 21

Christoph Bochdansky

20. Bezirk, Klosterneuburger Str. 33/25
www.bochdansky.at
Tel.: 374 43 46

Erstes Wiener Zaubertheater

5. Bezirk, Hamburgerstraße 5/Top 2
Tel.: 587 48 14, 0676/460 47 94

Theater Heuschreck

7. Bezirk, Kaiserstraße 33
www.heuschreck.at
Tel.: 523 91 80

Verein Ichduwir – Kinderkultur

16. Bezirk, Ludo-Hartmann-Platz 7
www.ichduwir.at
Kartenreservierungen –
Tel.: 486 96 46
Auskünfte – Tel.: 470 08 94
Tel.: 0699/10 05 38 41

Mimosen

4. Bezirk, Margaretenstraße 7/13
www.clownemilia.info
Tel.: 586 81 61

Neue Puppenbühne Ferdinand Resch

13. Bezirk, Küniglberggasse 48
Tel.: 802 98 09

MOKI – Mobiles Theater für Kinder

www.theater-moki.at

Tel.: 505 98 06, 504 58 45

„soeintheater"

8. Bezirk, Neudeggergasse 14
www.kosilo.at
Tel./Fax: 408 46 62 oder
Tel.: 0676/301 84 59

Die Stachelbären

9. Bezirk, Löblichgasse 5-7
www.stachelbaeren.com
Tel.: 315 54 64 oder
0699/12 17 92 99

Marko Simsa – Konzerte und Theater für Kinder

12. Bezirk, Aichhorngasse 6
www.markosimsa.at
Tel.: 470 65 78

Kindertheater in den Volkshochschulen

www.vhs.at

Cache-Cache

6. Bezirk, Dürergasse 11
Tel.: 0699/12 80 77 99

Werktheater Wien

3. Bezirk, Am Heumarkt 7/73
Tel.: 982 13 78

Das Wiener Kinder Theater – Kinder spielen Theater

2. Bezirk, Haidgasse 15/3
www.kindertheater.com
Tel.: 214 46 25

Schauspiel & Workshops

13. Bezirk,
Hietzinger Hauptstraße 38a
www.dramoletto.at
Tel.: 317 90 25 oder 0664/300 17 58

Marko Simsa mit seiner Trommel

Abenteuer Tanzen

Tanzen ist ein Urinstinkt. Tanzen gehört zum Leben wie Essen und Trinken. Wenn ich Musik höre, beginnen sich meine Füße im Takt zu bewegen. Franz-Ferdinand ist mehr so der Kopfnicker-Typ. Jedenfalls gibt es in Wien unzählige Möglichkeiten sich tänzerisch auszutoben. **Hier unsere Tanzadressen:**

Kinder Atelier Wien

15. Bezirk, Löhrgasse 10
Tel.: 982 21 05.

Kreadance

gibt es gleich an vier Orten in Wien.
www.kreadance.com
Tel.: 0664/441 99 99.

RhythmikStudio, Institut für musisch-kreative Bildung

3. Bezirk, Untere Viaduktgasse 57/3
www.rhythmikstudio.at
Tel.: 513 39 13.

Musisches Zentrum

8. Bezirk, Zeltgasse 7
www.musisches-zentrum.at
Tel.: 408 32 50.

annemarie papp Tanztheater

9. Bezirk, Rossauer Lände 23a
Tel.: 0699/12 60 55 49.

Tanzwerkstatt Wien

4. Bezirk, Goldeggasse 29/Loft 1
www.tanzwerkstatt.at
Tel.: 967 88 77.

Volkshochschulen

Hier gibt es jede Menge Tanzkurse für dich, schau auf
www.vhs.at
Tel.: 893 00 83.

Wiener Tanzwochen/ ImPulsTanz

7 Bezirk, Museumstrasse 5/21
www.impulstanz.com
Tel.: 523 55 58.

Aus einer Aufführung der Tanzwerkstatt Wien im Studio Molière.

Zirkuskünste

Mitspielzirkus „Rasselbumm“

8. Bezirk, Albertgasse 23
www.wien.kinderfreunde.at
Tel.: 401 25-24

Literatur

Büchereien Wien

7. Bezirk, Urban-Loritz-Platz 2a
www.buechereien.wien.at,
www.kirango.at
Tel.: 4000-84550

KinderLiteraturHaus Wien Buchklub der Jugend im KinderLiteraturHaus

4. Bezirk, Mayerhofgasse 6
www.buchklub.at
Tel.: 505 17 54

Internationales Institut für Jugendliteratur und Leseforschung

4. Bezirk, Mayerhofgasse 6
www.jugendliteratur.net
Tel.: 505 03 59

Österreichische Nationalbibliothek

1. Bezirk, Josefsplatz 1
www.onb.ac.at
Tel.: 534 10-0

Musik

Alte Schmiede/ Kinderwerkstatt

1. Bezirk, Schönlaterngasse 9
www.alte-schmiede.at
Tel.: 512 83 29

Jeunesse (Musikalische Jugend Österreichs)

Information und Kartenverkauf:
1. Bezirk, Bösendorferstraße 12
www.jeunesse.at
Tel.: 505 63 56

Musikverein – Gesellschaft der Musikfreunde in Wien

1. Bezirk, Bösendorferstraße 12
www.musikverein.at
Tel.: 505 81 90 (Tageskassa)

Musical Munchkins

1. Bezirk, Marc-Aurel-Straße 5/16
www.musicalmunchkins.at
Tel.: 0676/731 89 84

Staatsoper

Termine für Schulklassen auf Anfrage:
1. Bezirk, Opernring 1
www.wiener-staatsoper.at
Tel.: 514 44-2019, -2316

Volksoper Wien

9. Bezirk, Währinger Straße 78
www.volksoper.at
Tel.: 514 44-3670

Oper für und mit Kindern Herbert von Karajan Centrum

1. Bezirk, Kärntner Ring 4
www.karajan.org
Tel.: 506 00-100
Kartenbestellung:
Tel.: 506 00-200

Wiener Konzerthaus

3. Bezirk, Lothringerstraße 20
www.kinderoper.or.at
Tel.: 242 00-2
Infoline: 242 00-110

Kinderoper Papageno

13. Bezirk,
Hietzinger Hauptstraße 38a
www.kinderoper.at
office@kinderoper.at
Tel.: 317 90 25, 0664/300 17 58

„Der gestiefelte Kater" – eine Aufführung der Kinderoper Papageno.

Kinderkino

Filmfestival für Kinder

www.kinderfestival.at

filmladen

7. Bezirk, Mariahilfer Straße 58/7
www.filmladen.at
Tel.: 523 43 62-0

Kinderkino im Votivkino

9. Bezirk, Währinger Straße 12
www.votivkino.at
Kartenreservierung –
Tel.: 317 35 71

Kino macht Schule

www.votivkino.at
Tel.: 523 43 62-0

cinemagic

1. Bezirk, Friedrichstraße 4
www.cinemagic.at
Tel.: 586 43 03

Trickfilm verstehen ZOOM Kindermuseum

7. Bezirk, MuseumsQuartier
www.kindermuseum.at
Tel.: 524 79 08

1st filmacademy for kids

6. Bezirk, Stumpergasse 11/Top 26
www.filmacademy.at
Tel.: 713 27 03 oder
0664/473 42 26

Kinderradio

RadioKulturhaus

4. Bezirk, Argentinierstraße 30a
www.radiokulturhaus.orf.at
Buchung und Information:
Tel.: 877 99-999

Wien entdecken als Abenteurer

Was dich hier erwartet:

- ☞ **Der Prater**
- ☞ **Freizeitvergnügungen damals**
- ☞ **Es lebe der Zentralfriedhof**

Poldi: „Was ist eigentlich dein Lieblingsort in Wien, Franz-Ferdinand?"

Franz-Ferdinand: „Das ist eine leichte Frage, Poldi. Natürlich der Prater. Weil man hier so viele schöne Dinge machen kann. Hier gibt's jede Menge Spielplätze, Radfahrwege, den Wurstelprater mit Geisterbahn, Autodrom, Riesenrad und Liliputbahn, eine Miniatureisenbahn, mit der man durch den Prater dampfen kann ..."

Poldi: „Stimmt, das ist auch mein Lieblingsplatz und ich kann auch genau erzählen, wie dieser wunderbare Park mitten in Wien entstanden ist."

Früher war der Prater ein richtiger **Urwald.** In diesem Wald haben die österreichischen Könige und Kaiser gejagt. Vor fast 250 Jahren hat dann ein Sohn Maria Theresias das **ehemalige Jagdgebiet** dem Volk zugänglich gemacht. Den feinen Leuten am Hof von Kaiser Joseph II. hat das gar nicht gepasst. Die haben gesagt, seit der Kaiser die ehemaligen Gärten und Jagdgebiete auch dem Volk zugänglich gemacht hat, könne man gar nicht mehr unter sich sein. Joseph II. soll darauf im Scherz gemeint haben: „Wenn ich ständig nur unter Königen und Kaisern sein wollte, müsste ich ja den ganzen Tag in der Kapuzinergruft verbringen!" Das war nämlich die Grabstätte seiner königlichen Verwandtschaft.

Jedenfalls gefiel der Wiener Bevölkerung der Prater außerordentlich gut. Denn es gab dort bald eine Reihe von kleinen Vergnügungsbetrieben: Karusselle, Schießbuden und Imbiss-Stände zum Beispiel. Das Angebot an Vergnügungen wurde mit der Zeit immer größer. Bald gab es das erste Eisenbahnkarussell (1844), das ein Italiener namens **Basilio Calafati** erbaute. 1897 baute der Engländer Basset das heute noch bestehende Riesenrad. Damals hatte es noch 30 Waggons, heute sind es nur noch 15. Informationen über das Riesenrad findest du im Internet unter **www.wienerriesenrad.com.**

1928 wurde die heute noch durch den Prater dampfende Liliputbahn errichtet, 1933 die erste Geisterbahn. So veränderte der Prater ständig sein Gesicht und passte sich immer aufs Neue dem Geschmack des Publikums an.

Ganz verschwunden ist das prachtvolle **„Venedig in Wien".** Auf dem Gelände der heutigen **Kaiserwiese** befand sich vor über 100 Jahren ein kleines, künstlich an-gelegtes Venedig, mit Gondeln, die durch die Lagunen schipperten. Was aber immer unangetastet blieb, war die grüne, naturbelassene Praterau mit ihren Bäumen, Wiesen und Teichen. Durch diesen stillen Teil des Praters führt die 4,5 Kilometer lange **Hauptallee**, die von Kastanienbäumen gesäumt ist. Hier fanden früher Blumenkorsos statt, wo die Menschen in ihren Kutschen auf und ab fuhren. Heute findest du hier viele Läufer, Radfahrer und Skater, die den Weg nutzen. Wenn du einmal länger Zeit hast, spazier doch bis zum Ende des Praters. Geh einfach immer geradeaus und du kommst dann an den so genannten **Praterspitz** zum Wiener Frachthafen. Dort hast du einen wunderschönen Blick auf die Donau!

Nervenkitzel und Abkühlung: der „Donau-Jump" im Prater.

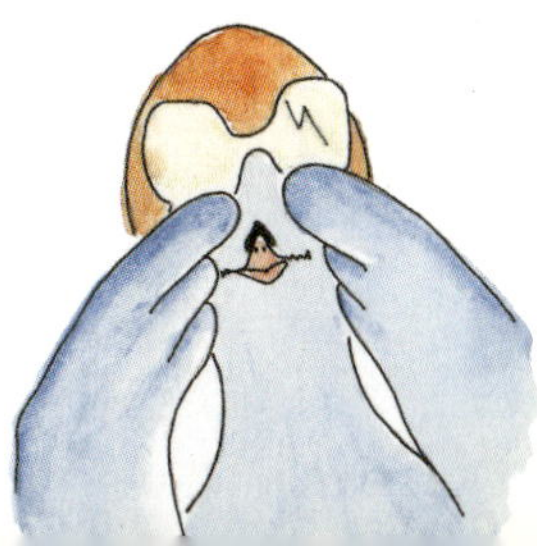

Freizeitvergnügungen damals

Vor über 300 Jahren stand der schwer arbeitenden Wiener Bevölkerung kaum Freizeit zur Verfügung. Die Theater und die Oper waren ausschließlich für die reichen und adeligen Leute gedacht und gemacht. Dennoch gab es so etwas wie Freizeitvergnügungen auch für die ärmeren Leute. Fahrende Unterhaltungskünstler kamen oft von weit her und zeigten ihre Künste auf den Jahrmärkten. Man konnte da zum Beispiel einen berühmten Seiltänzer bestaunen, der über dem Judenplatz in luftigen Höhen herumtanzte. Sänger, Zauberer, Pantomimen, Puppenspieler, Gaukler und Jongleure traten dort ebenso zum Vergnügen der Leute auf.

Vor zirka 200 Jahren zogen die Leute von den Märkten und Festplätzen der Stadt auch gerne in den Prater. Dort waren Theater, Wachsfigurenkabinett und Menschenmuseum sehr beliebt. Es wurden kleinwüchsige Menschen, Liliputaner oder siamesische Zwillinge ausgestellt. Sehr bekannt waren damals die dicke Prater-Mitzi oder der russische Rumpfmensch Kobelkoff. In jedem Fall waren das seltsame Freizeitvergnügungen.

Es dauerte noch über 100 Jahre, bis das erste Kino in Wien entstand. 1896 gab es die ersten bewegten Bilder, Kinematographie genannt, im Wiener Prater zu sehen.

Unsere Tipps für Abenteurer

Der Nasenweg

Kahlenbergerdorf mit **Schnellbahn S40**
oder **U4** Heiligenstadt und **Bus nach Klosterneuburg**
Rückfahrt nach Heiligenstadt **Bus 38A**

Ein ganz spezieller Wanderweg mit vielen, vielen Stufen, die über 9 Erlebnispunkte auf den Leopoldsberg führen. Der Ausblick auf Wien und die Donau ist atemberaubend. Es ist auch eine Reise in die Vergangenheit, als diese Gegend vor Millionen Jahren noch unter dem Meeresspiegel lag. Außerdem befand sich die erste Keltensiedlung ebenfalls hier auf diesem Berg, noch lange bevor die Römer unten im heutigen Zentrum Wiens ihr Lager errichteten. Unser Tipp: Bring eine Lupe mit und schau dir den Boden genau an, vielleicht entdeckst du uralte Fossilien, also versteinerte Meerestiere.
Der Nasenweg ist Teil des Wiener **Stadtwanderweges 1A.**
Es gibt **13 Stadtwanderwege** und auf diesen kannst du Wien einmal ganz anders kennen lernen:

Stadtwanderwege

Stadtwanderweg 1 Kahlenberg ▪ **Stadtwanderweg 1a** Leopoldsberg
Stadtwanderweg 2 Hermannskogel ▪ **Stadtwanderweg 3** Hamau
Stadtwanderweg 4 Jubiläumswarte ▪ **Stadtwanderweg 4a** Ottakring
Stadtwanderweg 5 Bisamberg ▪ **Stadtwanderweg 6** Zugberg-Maurer Wald
Stadtwanderweg 7 Laaer Berg ▪ **Stadtwanderweg 8** Sofienalpe
Stadtwanderweg 9 Prater

Rund-um-Wien-Wanderwege

Rund-um-Wien-Wanderweg 10 (sechs Abschnitte, rund 114 Kilometer lang)
Rund-um-Wien -Wanderweg 11 (fünf Abschnitte, rund 120 Kilometer lang)
Rundumadum-Wanderweg (24 Abschnitte, rund 120 Kilometer lang)

Quer-durch-Wien-Wanderwege

West-Ost-Wanderweg 12 (rund 25 Kilometer lang)
Nord-Süd-Wanderweg 13 (rund 24 Kilometer lang)

Infos unter **www.wien.gv.at/wald/wandern/wege.htm**

Erlebnishof Simmering – Pferd, Schaf & Co

11. Bezirk, Am Kanal, Parzelle 919
www.wien.gv.at/ma22/naturschutz/erlebnishof.htm
uk@m22.magwien.gv.at
Tel.: 4000-88305
Öffnungszeiten: April bis Oktober, Dienstag und Donnerstag
Dauer: ca. drei Stunden, nur nach Voranmeldung!
Schnellbahn S7, Station Zentralfriedhof oder **Autobus 69A** ab **U1** Südtiroler Platz bis Haltestelle Pretschgasse – etwa fünf Minuten Gehweg

Ein ganz besonderer Stallrundgang für Kindergarten-, Hort- und Volksschulgruppen. Ziegen, Schafe, Hängebauchschweine, Hühner, Gänse, Enten, Tauben, Esel, Ponys und Co sind auch auf der Wiese anzutreffen. Spielplatz mit Schaukelgerüst und Rutsche.

Es lebe der Zentralfriedhof

Der Wiener Zentralfriedhof ist eine Naturoase in der Großstadt. Und er ist riesengroß. So groß, dass es sogar eine eigene Buslinie (Linie 11) innerhalb des Friedhofgeländes gibt. Es ist vielleicht ein eigenartiges Gefühl, auf diesem riesigen Friedhof spazieren zu gehen, aber einen Besuch ist dieser außergewöhnliche Platz in jedem Fall wert. Obwohl hier ganz viele Menschen (ca. 3 Millionen) begraben liegen, darunter auch sehr berühmte, lebt der Zentralfriedhof. Er bietet nämlich Lebensraum für zahlreiche Tiere (Rehe, Füchse, Hasen, Dachse, Marder, Hamster, Wildkatzen, Eichhörnchen, Falken, Eulen, Spechte und Krähen) und für unzählige geschützte Pflanzenarten.

Öffnungszeiten: Jänner, Februar: 8–17 Uhr; März, April: 7–18 Uhr; Mai, Juni, Juli, August: 7–19 Uhr; September, Oktober, 1. und 2. November: 7–18 Uhr; 3. November bis Ende Dezember: 8–17 Uhr.
Straßenbahnlinien 6 und **71** zu den Toren 1, 2 und 3; **Autobus 171** zum Tor 3; **Schnellbahn S7** zum Tor 11
www.wien.gv.at/ma43/zentralfriedhof
Tipp: Hol dir den „Universum"-Film „Es lebe der Zentralfriedhof" – ein Feldhamster und ein Turmfalke begleiten dich durch alle vier Jahreszeiten (50-Minuten-DVD, Infos: MA 13 – media wien, Zieglergasse 49, 1070 Wien, **Tel.: 523 32 24-85109** oder **-85108, mediawien@m13.magwien.gv.at)**

Dem Biber auf der Spur

Wer den Lebensraum der Biber entdecken und etwas über die Lebensweise dieser großen Nagetiere erfahren möchte, sollte sich diese Führungen am Wienfluss und am Mauerbach nicht entgehen lassen. Weiteres Highlight: die verborgenen Teiche der Donauinsel und ihre Bewohner! Wie man aus einem kanalisierten Bach wieder einen funktionierenden Bach baut, kann man an der Liesing sehen und lernen.

Ganzjährig (außer im Winter) für Volksschulen, Hauptschulen, AHS-Unterstufe. Die Führungen dauern 2 bis 3 Stunden.

Informationen unter: gol@m45.magwien.gv.at.

Vielleicht triffst du bei einer Führung auch auf solche Biberspuren.

Der Wiener Wasserweg

Ein 17 Kilometer langes Abenteuer: Rundwanderweg um die untere Alte Donau, durchs Lobauvorland bis zum Nationalpark mit derzeit 20 Stationen, die über Geschichte und Ökologie des Gebiets erzählen. **Informationen unter Tel.: 4000-96584.** Start bei der Kagraner Brücke, linkes Ufer der Alten Donau; erreichbar mit der **U1,** über die Brücke gehen oder mit dem **Bus 93A** und dann 50 Meter stadteinwärts gehen.

Wasserspielplatz Donauinsel

Donauinsel (stromabwärts von der Reichsbrücke bei Kilometer 12)
Von Anfang Mai bis Mitte September
Eintritt frei
U1, Station Reichsbrücke/Donauinsel
www.wien.gv.at/ma42/parks/wasserspiel.htm
Wasserspaß für Kinder jeden Alters bietet die neue Attraktion auf der Donauinsel. Mit fast 5000 m^2 ist der Wasserspielplatz der größte in ganz Europa.

Wasserspielplatz an der Liesing

10. Bezirk, Klederinger Straße/Johann-Friedl-Gasse (beim Liesingbach)
Öffnungzeiten: Anfang Mai bis Mitte September
Eintritt frei
U1 Station Reumannplatz
Regionalbus 266, Richtung Siebenhirten, Station Untere Kaistraße oder **Regionalbus 271,** Richtung Schwechat Bahnhof, Station Oberlaaer Platz
www.wien.gv.at/ma42/parks/unterlaa.htm
Hier kannst du Geschichten rund um Piraten, Seemänner und Entdecker selbst nachspielen.

Radfahrprüfung

Schulverkehrsgärten:
2. Bezirk, Prater Hauptallee
Tel.: 313 10-41 700
21. Bezirk, Tetmajergasse
Tel.: 313 10-64 700
oder beim
ARBÖ Wien, 3. Bezirk,
Schlechtastraße 4
Tel.: 050 12 32-916
www.arboe-wien.at

Mit einem Radfahrausweis darfst du bereits mit 10 Jahren im Straßenverkehr sicher unterwegs sein. Doch vorher musst du die Verkehrsregeln kennen und üben, üben, üben. In den Schulverkehrsgärten macht das auch viel Spaß. Den Führerschein für dein Fahrrad bekommst du, nachdem du die theoretische und die praktische Prüfung bestanden hast.

Freizeit-pädagogische Parkbetreuung

Wo geht's zum nächsten Spielplatz? Wann finden dort Spielaktionen statt? All diese Fragen werden dir unter den **Telefonnummern 17 99** und **4000-84 400** (Kinderinfo) beantwortet.

wienXtra-spielebox

8. Bezirk, Albertgasse 35/II
www.spielebox.at, www.wienxtra.at
spielebox@wienXtra.at
Tel.: 4000-83 424
U6 Josefstädter Straße, **Bus 13A, Straßenbahnlinien 5, 33, J**

Hol dir Informationen über das nächste Spielefest oder den nächsten Spieleabend. Es gibt hunderte von Spielen, die du hier kostenlos testen und gegen eine Gebühr auch für eine bestimmte Zeit ausleihen kannst.

Bogipark – Spielspaß unter einem Dach

23. Bezirk, Gutheil-Schoder-Gasse 17
www.bogipark.at
Tel.: 230 00 00
Geburtstagstelefon: 0664/239 99 99, **geburtstag@bogipark.at**
Öffnungszeiten: Täglich 10–19 Uhr
U6 Am Schöpfwerk
Tagesticket: Kinder 6,50 Euro, Erwachsene 3,50 Euro

Hier im größten überdachten Spielplatz Österreichs ist immer richtig was los. Toben, klettern, spielen – und das bei jedem Wetter. 3500 Quadratmeter rauschendes Spielerlebnis für Kinder von 1 bis 12: Labyrinth, Kletterwand, Trampolinanlage, Rutschen und sogar ein rauchender Klettervulkan warten!

Wiener Stadthalle: Eistraum, Pferdefest und andere Sensationen

15. Bezirk, Vogelweidplatz 4
www.stadthalle.com
Tel.: 98 100-0
U6 Burggasse-Stadthalle, **U3** Urban Loritz-Platz, **Straßenbahnlinie 6, 9, 18, 49, Bus 48A** Schweglerstraße

In der Wiener Stadthalle ist das ganze Jahr Programm: Für alle Eisprinzen und -prinzessinnen kommt **„Holiday On Ice“,** für die Motorsportfans die **„Night Of The Jumps“** mit den verrücktesten Motorradfahrern unter der Sonne, für alle Pferdefans das alljährliche **„Fest der Pferde“** mit Showprogramm, dazu gibt es immer wieder einmal Kindermusicals, Konzerte und vieles mehr.

In Wien gibt es noch mehrere Hallen, in denen einiges los ist. In der **Albert-Schultz-Halle** (22. Bezirk, Attemsgasse 1, U1 Kagran) kannst du von Oktober bis Mitte März Eislaufen oder dir während der Eishockey-Saison ein Match der Vienna Capitals anschauen. Ein Tipp für die Leichtathletik-Fans unter euch: Im **Ferry-Dusika-Stadion** (2. Bezirk, Engerthstraße 267-269, Straßenbahnlinie 21, Bus 83A, 77A, 80B) könnt ihr für 2 Euro pro Tag in der Halle trainieren. Öffnungszeiten unter Tel.: 729 51 34.
Weitere Veranstaltungsorte und die jeweiligen Programme findest du auf der Homepage.

Falkenhayn – werde ein Ritter!

5. Bezirk, Margaretenstraße 64
www.falkenhayn.at
Tel.: 586 21 43

Wiens erster Mittelalter-Laden! Auf drei Stockwerken findest du jedes Ritter- und Hexenzubehör, das du dir wünschen kannst. Rüstungen, Helme, Lanzen, Schwerter, Säbel, Kettenhemden – hier bekommst du alles, was du für Ritterspiele brauchen kannst. Aber Vorsicht: Der Laden ist nix für schwache Nerven, der Gruselfaktor ist hoch und vergiss Harry Potter und Herr der Ringe, hier gibt es nur original nachgebautes, echtes Ritterzeug!

Wien Museum Karlsplatz

4. Bezirk, Karlsplatz
www.wienmuseum.at
Tel.: 505 87 47-0
Öffnungszeiten: Di bis So und Feiertag 9–18 Uhr
U1, U2, U4 Karlsplatz
Eintritt: Fr Vormittag und So Eintritt frei
Kinder 2 €, Erwachsene 4 €

Auf drei Stockwerken verteilt kannst du auf Entdeckungsreise durch die Geschichte Wiens gehen. Du findest den ältesten Wiener Stadtplan ebenso wie Waffen und Ritterrüstungen.

Jüdisches Museum

Palais Eskeles
1. Bezirk, Dorotheergasse 11
www.jmw.at
Tel.: 535 04 31

Hier erfährst du auf spielerische Art und Weise alles über jüdische Feste, dazu gibt es Geschichten, Spiele und Bilder aus dem Mittelalter.

Zoom Kindermuseum

7. Bezirk, MuseumsQuartier/Museumsplatz 1
www.kindermuseum.at
Alle Programme haben fixe Beginnzeiten.
Reservierung – Tel.: 524 79 08
U2 Museumsquartier, **U3** Volkstheater
Eintritt: Kinder 5 €, Erwachsene 3,50 €

Hier gibt es Ausstellungen zum Mitmachen, ein Multimedialabor, in dem du deinen eigenen Zeichentrickfilm herstellen kannst, einen großen Raum für die ganz Kleinen, in dem ein Ozeandampfer gestrandet ist, einen Hosentaschen-Scanner, in den deine Schätze gelegt werden und auf diese Weise die Sammlung auf der Website des Museums wächst und wächst, ein Atelier für Künstler-Workshops zu den jeweiligen Ausstellungsthemen. Und es gibt einen Hausgeist, der Jizou heißt und als japanischer Schutzgott der Kinder hier die echten und virtuellen Räume bewacht.

In der Ausstellung „Raumstation Skylab 5" musst du entsprechende Arbeitskleidung tragen

Museum für Volkskunde: Märchen, Mythen, Medizin ...

8.Bezirk, Laudongasse 15–19
www.volkskundemuseum.at
office@volkskundemuseum.at
Tel.: 406 89 05
Öffnungszeiten: Dienstag bis Sonntag 10–17 Uhr
(Montag geschlossen, außer Feiertag)
U2 Rathaus, **Bus 13A, Straßenbahnlinie 5, 33** Laudongasse,
43, 44 Lange Gasse
Eintritt: Kinder 2 €, Erwachsene 5 €, Gruppenführungen kosten
3 oder 4 € pro Kind

Liebst du Märchen? Wir auch. Deshalb ist dieses Museum was ganz Besonderes. Hier findest du unheimlich viele Gegenstände, die in bekannten Märchen eine große Rolle spielen. Bei den Führungen hörst du auch lustige alte Geschichten, in denen Tiere die Hauptrolle spielen. Man nennt diese Geschichten „Fabeln". Schön sind auch die Führungen durch die Alte Klosterapotheke (1. Bezirk, Johannesgasse 8) – eine Außenstelle des Museums im Zentrum. Dort kannst du selber Medizin oder vielleicht sogar einen Zaubertrank mischen. Außerdem gibt es viele Sonderausstellungen zu immer neuen Themen. Schau für das aktuelle Programm einfach auf die Homepage.

Heeresgeschichtliches Museum im Arsenal

3. Bezirk, Arsenal, Objekt 1
www.bundesheer.at/hgm, www.hgm.or.at
Tel.: 795 61-0
Öffnungszeiten: Mo-Do 9–17 Uhr
Eintritt: Erwachsene 5,10 Euro, Kinder bis 10 Jahre frei

Foltermuseum

6. Bezirk, Fritz-Grünbaum-Platz 1
Tel.: 585 71 85
Öffnungszeiten: Täglich 10–18 Uhr.
Eintritt: Erwachsene 6 Euro, Kinder 3,50 Euro
Führungen für Schülergruppen nach telefonischer Vereinbarung.

Kaisergruft (Kapuzinergruft)

1. Bezirk, Tegetthoffstraße 2
Tel.: 512 68 53-16
www.kaisergruft.at
Öffnungszeiten: Täglich 9.30–15.30 Uhr
Eintritt: Erwachsene 4 Euro, Kinder 1,50 Euro

Wien entdecken als Nachtschwärmer

Was dich hier erwartet:

- ☞ **Der kleine Gute-Nacht-Dialog von Poldi und Franz-Ferdinand ...**
- ☞ **... und andere Gegenmittel gegen Schlaflosigkeit**

Poldi und Franz-Ferdinand können manchmal abends nur sehr schlecht einschlafen. Gibt's bei dir auch solche Abende, wo du einfach nicht ins Bett willst, weil du noch gar nicht müde bist? Unseren beiden Freunden geht es genauso. Und wenn sie dann im Bett liegen, stören sie die Schatten an der Wand, weil die ja so endlose Geschichten zu erzählen haben und mit ihrem Gemurmel nicht und nicht aufhören. Da geht nix mit Schlafen! Aber Poldi und Franz-Ferdinand haben da ein unglaublich wirkungsvolles Gegenmittel. Falsch! Sie haben sogar zwei Gegenmittel. Das eine Gegenmittel ist: Sie erzählen sich gegenseitig Gute-Nacht-Geschichten, die sie erfinden, oder sie plaudern einfach über das, was sie am Tag gerade mal so erlebt haben. Das hilft! Am besten wir hören mal rein in den Gute-Nacht-Dialog...

Der kleine Gute-Nacht-Dialog von Leopoldine und Franz-Ferdinand

Poldi: „Du-uh, Franz-Ferdinand?!! Schläfst du schon?"

Franz-Ferdinand: „Nö-öh! Geht nix. Die Schatten murmeln schon wieder so laut, dass keine Ratte vernünftig einschlafen kann."

Poldi: „Puuuh. Mir geht's genauso! Ich hör' auch die lauten Schatten."

Franz-Ferdinand: „Was mach ma? So wie immer, oder? Soll ich dir zuerst eine Gute-Nacht-Geschichte erzählen oder du mir?"

Poldi: „Ich fang an! Also, da muss ich ein bisschen nachdenken. – Ach ja, weiß schon:

Ein Huhn und ein Hahn
jetzt fängt die Geschichte an

Eine Kuh und ein Kalb
jetzt ist die Geschichte halb

Eine Katze und eine Maus
jetzt ist die Geschichte aus."

Franz-Ferdinand: „Die ist aber lustig, die Geschichte. Ich weiß noch eine. Das ist bestimmt die alleralleraller-kürzeste Gute-Nacht-Geschichte auf der ganzen Welt!"

Poldi: „Lass hören!"

Franz-Ferdinand: „Eine Schnecke geht in ihr Haus und nun ist die Geschichte aus."

Poldi: „Uiii, die ist wirklich superkurz! Aber eine schöne Geschichte. So wegen der Schnecke und dass die dann in ihr Haus geht. Meinst, geht die schlafen?"

Franz-Ferdinand: „Na aber sicher. Die Schnecke schleppt ja den ganzen Tag so das Haus mit sich herum. Wahrscheinlich ist sie deshalb auch so langsam. Und die Schlepperei macht sie dann unglaublich müde."

Poldi: „Das glaub' ich auch, dass so eine Schlepperei müde macht. Da kömma ganz schön froh sein, dass wir nicht unser Haus so mit uns herumtragen müssen."

(Länger Pause, die Schatten haben mit dem Murmeln aufgehört.)

Franz-Ferdinand: „Du-uh?"

Poldi: „Ja?"

Franz-Ferdinand: „Kurze Gute-Nacht-Geschichten erzählen macht ganz schön müde, findest du nicht?"

Poldi: „Ja! Ich schlaf' jetzt."

Franz-Ferdinand: „Ich auch. Und ich träum von Häusern und Schnecken und Kühen und Hühnern …“

Poldi: „Ich auch. Gute Nacht, Franz-Ferdinand!“

Franz-Ferdinand: „Gute Nacht, Poldi!“

Poldi (ganz leise):
„Die Nacht fängt an,
die Nacht fängt an.

Der Mond leuchtet beim Fenster rein,
beim Fenster rein.

Schlaf gut,
schlaf gut …“

(Kurze Zeit später hört man an den regelmäßigen tiefen Atemzügen, wie beide ganz fest eingeschlafen sind. Nun haben auch Poldi und Franz-Ferdinand aufgehört zu murmeln.)

Und das zweite Gegenmittel ist Nachtschwärmen. Das machen Leopoldine und Franz-Ferdinand zwar nicht oft, aber immer wieder. Das planen sie auch schon lange im voraus. Denn Wien ist bekanntlich eine Stadt, die niemals schlafen geht. Da brennen die Lichter so hell, dass du sie in der Nacht schon von weitem her strahlen siehst.

Unsere Tipps für Nachtschwärmer

Die lange Nacht der ...

Museen, Kirchen, Forschung usw. Unter diesen oder ähnlichen Titeln findest du ideale Veranstaltungen für Nachtschwärmerausflüge. Infos im Internet unter: **langenacht.orf.at, www.langenachtderkirchen.at, www.langenachtderforschung.at,** usw.

Tiergarten Schönbrunn bei Nacht

Treffpunkt: 13. Bezirk, Maxingstraße 13b
Beginnzeiten: je nach Jahreszeit zwischen 19 und 21.30 Uhr
www.zoovienna.at
Tel.: 877 92 94-0
Buchungen: unter der Durchwahl 500 von Mo bis Fr 8–17 Uhr oder **reservierung@zoovienna.at**
U4 Hietzing

Wer weiß schon, was sich nachts in einem Tiergarten tut? Manche Tiere schlafen friedlich, andere werden erst in der Dunkelheit richtig aktiv. Als normaler Tiergartenbesucher bekommt man so etwas jedenfalls nie zu sehen – bei einer Nachtführung schon. Da wirst du wie ein richtiger Wildtierforscher mit einem Nachtsichtgerät ausgestattet. Ein Abenteuer für alle Nachtschwärmer!

Technisches Museum

14. Bezirk, Mariahilfer Straße 212
www.tmw.ac.at
Tel.: 899 98-0
U4 Schönbrunn (+ 10 Min. zu Fuß), **U3** Johnstraße (+10 Min.),
Straßenbahn 52, 58 Penzingerstraße, **Bus 10A, 57A**

Übernachten im Technischen Museum. Du kannst bei der Aktion „Camp-In" eine Nacht (von 17–11 Uhr des darauf folgenden Tages) im Museum verbringen und gemeinsam mit Betreuern auf eine aufregende nächtliche Entdeckungsreise gehen. Du begibst dich dabei auf die Suche nach verborgenen Schätzen, nimmst Kontakt mit außerirdischen Energien auf und erlebst Technik so hautnah wie niemals sonst! Im Anschluss gibt es eine coole Spuk-Disco!

Lainzer Tiergarten

13. Bezirk, Hermesstraße, Lainzer Tor
www.wien.gv.at/wald/lainz-tg
Tel.: 804 31 69
Lainzer Tor: U4 bis Hütteldorf, **Straßenbahnlinie 60** bis Hermesstraße, **Autobuslinie 60B** bis Lainzer Tor

Hier führen dich echte Profis durch den nächtlichen Wald. Mit einem Ultraschall-Ortungsgerät gehst du auf die Jagd nach Fledermäusen und anderen nachtaktiven Tieren. Oder du kannst Nachtfalter und Eulen beobachten.

Flugstudie einer Fledermaus

Schifahren und Snowboarden auf der Hohen-Wand-Wiese

14. Bezirk, Mauerbachstraße 174–176
Öffnungszeiten: von Mo bis Fr von 9–21.30, Sa und So 9–22 Uhr
Tel.: 979 10 57
Postbus 249 von Hütteldorf (Endstelle **U4**) zu jeder vollen und halben Stunde

Skifahren bei Flutlicht macht extrem viel Spaß! Und der heiße Tee in der Schihütte am Pistenrand schmeckt dann noch viel besser. Gibt es keinen Neuschnee, so sorgen 15 Schneekanonen für beste Bedingungen auf der 400 m langen Piste.

Abendführung unter das Dach des Stephansdomes

1. Bezirk, Stephansplatz
Tel.: 515 52-3767
U1 und **U3** Stephansplatz

Ein faszinierendes Erlebnis: ein Blick auf das gewaltige Dach des Stephansdoms aus nächster Nähe! Für besonders Mutige unter euch gibt es Abendführungen von Juni bis September ab 19 Uhr. Treffpunkt: Aufgang Südturm.

Wer noch mehr Angebote sucht ...

wendet sich am besten an die Kinderkultur-Profis von wienXtra. Die bieten auch monatlich einen kostenlosen Freizeitkalender „familientage", der nicht nur die Veranstaltungen für Nachtschwärmer, sondern einen guten Gesamtüberblick über Wiens Kinder-Kulturangebot vermittelt: von „fetzigen Sport- und Veranstaltungstipps, kreativen Workshops und Theatererlebnissen über coole Natur- und Museumsaktivitäten bis zu gemütlichen Festen"!

8. Bezirk, Friedrich-Schmidt-Platz 5/5
www.wienxtra.at, bzw. **familientage@wienXtra.at**
Tel.: 4000-84368, -84304 (Mo bis Fr von 9–15 Uhr)
Tonbanddienst: 4000-84354
U2 Rathaus

Wien entdecken als Geburtstagskind

Was dich hier erwartet:

☞ **Wo du überall in Wien feiern kannst!**

Franz-Ferdinand: „Kinder, Poldi hat Geburtstag und mir ist schon gaaanz schlecht, weil ich sooo viele Geburtstagstorten kosten musste. Wieso ich so viele Torten essen musste, wollt ihr wissen? Na ja, Wien ist ja, wie ihr jetzt alle wisst, eine supermoderne Zeitreise-Forscher-Sportler-Künstler-Abenteurer-Nachtschwärmer-Stadt. Aber Wien ist auch ein rattenscharfes Pflaster für fette Feten! Geburtstag kannst du hier feiern wie früher die Könige und Kaiser oder du kannst mit echten Superstars, wie Rolf-Rüdiger und Tom Turbo, im ORF-Zentrum hinter den Fernsehkulissen feiern. Ich hab' jetzt jedenfalls so gut wie alles ausprobiert. Mal sehen, wofür ihr euch entscheidet. Hier meine Liste mit den heißesten Geburtstagsparty-Adressen ..."

Albertina

1. Bezirk, Albertinaplatz 1
www.albertina.at · besucher@albertina.at
Tel.: 534 83-540, -541, -543

Hier kannst du mit maximal 15 Freunden deinen Geburtstag feiern. Der Partyraum ist super geschmückt, du machst einen kurzen Rundgang durch die größte Kunstsammlung der Welt, es gibt eine Geburtstagsjause und ihr könnt Radierungen herstellen, also Bilder in eine Platte kratzen, Farbe drauf und ab in die Druckerpresse!

MUMOK Museum Moderner Kunst Stiftung Ludwig im MuseumsQuartier

7. Bezirk,
MuseumsQuartier/Museumsplatz 1
www.mumok.at
Tel.: 525 00-1313

Hier kannst du feiern wie ein Künstler. Dauer: 2 Stunden, bis zu 15 Kinder € 220.

Belvedere

Österreichische Galerie Belvedere
3. Bezirk,
Unteres Belvedere, Rennweg 6a
www.belvedere.at
Tel.: 79 557-134

Ein barockes Geburtstagsfest mit blaublütigen Freunden feiern.
Du kannst dein eigenes vergoldetes Schmuckstück fertigen, es gibt Jause und Torte.
Kosten: € 190

KunstHausWien

3. Bezirk, Untere Weißgerberstraße 13
www.kunsthauswien.com
Tel.: 712 04 91

Im buntesten Museum Wiens kannst du mit 10 Freunden 2 1/2 Stunden feiern für € 120

Technisches Museum

14. Bezirk, Mariahilfer Straße 212
www.tmw.ac.at
Tel.: 899 98-6000

Geburtstagsfeiern als Forscher und Konstrukteur einer Geburtstagserfindungsmaschine.

Haus der Musik

1. Bezirk, Seilerstätte 30
www.hdm.at
Tel.: 516 48-0

Spielen, Entdecken, Experimentieren – ein ganz besonders klingendes Geburtstagsfest, das dich in das Zauberreich der Musik entführt.
Die Führung dauert ca. 1 Stunde, deine Geburtstagsjause kannst du anschließend gleich im Café des Hauses der Musik veranstalten.

„Was hörst du?"– „Franz Ferdinand, die schottische Rock-Band!"

Naturhistorisches Museum

1. Bezirk, Maria-Theresien-Platz
www.nhm.wien.ac.at
Tel.: 521 77-335

Eine Geburtstagsfeier mitten zwischen Dinosaurierskeletten! Eine Reihe von spannenden Themen kann ausgewählt werden: Dinosaurier und ihre Zeitgenossen (ab 5), Entdeckungsreise im Regenwald (ab 5), Mammut und Mammutjäger (ab 6), die ersten Menschen (ab 9), eine Reise in die Vergangenheit (ab 9), Lebensraum Meer (ab 8), Winzigkleines riesengroß sehen und verstehen (ab 10) usw.
Das dreistündige Programm für maximal 15 Kinder (Mindestalter 5 Jahre) und 2 Begleitpersonen kostet € 220

Schloss Schönbrunn

13. Bezirk, Haupteingang: Schönbrunner Schloßstraße
www.schoenbrunn.at/kinder
Tel.: 811 13-239
April bis Juni und Sept., Okt. täglich 8.30–17 Uhr; Juli, August täglich 8.30–18 Uhr; November bis März täglich 8.30–16.30 Uhr
U4 Schönbrunn, **Bus 15A, Straßenbahnlinie 58**

Feiern wie die Könige:
Die Geburtstagsgesellschaft wird verkleidet und geschminkt, danach gibt es eine Entdeckungsreise durch das Museum. Dauer: 2,5 Stunden.

Marionettentheater Schloss Schönbrunn

13. Bezirk, Schloss Schönbrunn Marionettentheater, Hofratstrakt
www.marionettentheater.at
Tel.: 817 32 47

Dieses Geburtstagsfest ist ein Erlebnis für die ganze Familie. Das Marionettentheater im Hofratstrakt des Schlosses Schönbrunn bietet verschiedene Vorstellungen: „Aladdin", „Eine kleine Nachtmusik", „Familie La Musica", „Ritter Kamenbert" oder „Die Zauberflöte". Bei den Geburtstagsfeiern kannst du hinter die Bühne schauen und die Marionetten ausprobieren.

Tiergarten Schönbrunn

13. Bezirk, Maxingstraße 13b
Haupteingang: Hietzing
(Hietzinger Platz/**U4** Hietzing)
www.zoovienna.at
Tel.: 877 92 94-0
Buchungen unter der Durchwahl 500 von Mo – Fr 8–17 Uhr oder
reservierung@zoovienna.at

Der Tiergarten organisiert für dich und deine Freunde eine Geburtstagsparty mit feiner Jause, bei der man Tiere beobachten und Tonfiguren modellieren kann, oder es ist eine spannende Rätselrallye vorgesehen. Mindestens fünf Kinder zwischen fünf und zwölf Jahren und ein Erwachsener.
Je nach Alter stehen zwei verschiedene Programme zur Auswahl.

Haus des Meeres

6. Bezirk, Fritz-Grünbaum-Platz 1
www.haus-des-meeres.at
Tel.: 587 14 17

Betreuung durch eine Biologin, Führung mit Rätselrallye, Jause mit Torte; 2–3 Stunden, jedes Kind erhält ein kleines Geschenk.

Am Cobenzl

19. Bezirk, Am Cobenzl 96a
www.landgutcobenzl.at · office@landgutcobenzl.at
Tel.: 328 94 04

Geburtstag feiern am Bauernhof mit Tieren, einer gesunden Jause, selbst gebackenem Brot und an der frischen Luft. Da bekommt garantiert jeder Besucher rote Backen. Für 8 bis maximal 25 Kinder, 3 Stunden lang.

Zoom Kindermuseum

7. Bezirk, MuseumsQuartier/
Museumsplatz 1
www.kindermuseum.at
Reservierung – Tel.: 524 79 08
U2 Museumsquartier, **U3** Volkstheater

Coole Geburtstagsfete: Torte essen, Saft trinken, basteln, toben und nach zwei Stunden gibt's zum Abschluss Zoom-T-Shirts. Jeden Dienstag, Mittwoch und Donnerstag (ausgenommen Ferien und Feiertage) von 15–17 Uhr im Zoom-Forum.

ORF – Feiern mit Tom Turbo

13. Bezirk, Würzburggasse 30
www.backstage.orf.at
Tel.: 877 99 99

Ein Geburtstag im Fernsehen hinter den Kulissen des ORF-Zentrums. Erlebnisstudio (Blue Box), Geburtstagsjause (Torte und Getränke), Erinnerungsvideo und ein Gruppenfoto mit Tom Turbo.

Kinderwelt Therme Oberlaa

Thermalbad Oberlaa
10. Bezirk, Kurbadstraße 14
www.oberlaa.at
Tel.: 680 09-9681

Geburtstag feiern und daneben planschen. Es gibt Kinderjause, ein Geschenk für das Geburtstagskind und den Eintritt für 8 Kinder und eine Begleitperson in das Thermalbad mit Kinderwelt. Reservierung bis spätestens 14 Tage vorher.
Kosten für 8 Kinder € 169.

Diana-Erlebnisbad

2. Bezirk, Lilienbrunngasse 7–9
www.dianabad-wien.at
Tel.: 219 81 81

Ein nass-fröhlicher Geburtstagsspaß mit viel Animationsprogramm: Kinderjause, Überraschung für das Geburtstagskind, Wasserrutsche, Wellenbecken und Piratenschiff warten auf dich!

Dive Company in der Wiener Stadthalle

15. Bezirk, Vogelweidplatz 15, Stadthallenbad
www.divecompany.com
Tel.: 330 93 35

Für mutige Kinder ab 8 Jahren: Zum Geburtstag abtauchen und die Unterwasserwelt entdecken.
Dazu gibt es ein Partypaket.

Bogipark – Geburtstag unter einem Dach

23. Bezirk, Gutheil-Schoder-Gasse 17
Tel.: 230 00 00
www.bogipark.at
Geburtstagstelefon: 0664/2399999
geburtstag@bogipark.at
Öffnungszeiten: Täglich 10–19 Uhr
U6 Am Schöpfwerk

Ab 85 € kannst du hier mit deinen Freunden in 7 verschiedenen Partyräumen ein bewegtes Geburtstagfest erleben. Von Schatzsuche bis zur Raumfahrtsparty, alles echt schweißtreibend und extrem lustig!

Minopolis

22. Bezirk, Wagramer Straße 2
im Cineplexx
www.minopolis.at
Tel.: 0810 970 270
Information und Anmeldung:
office@minopolis.at
Öffnungszeiten: Di bis Fr 14–19 Uhr, Sa, So, Feiertag 10–19 Uhr
U1 Donauinsel oder Kaisermühlen VIC

Feiern in der „Stadt für Kinder" und für das Geburtstagskind gibt es ein spezielles Geschenk.

Kinderklub

15. Bezirk, Goldschlagstraße 11/ Zinckgasse 10
Tel.: 786 67 60

Hier kannst du dein Geburtstagsfest unter verschiedenen Mottos feiern: Piratenparty, Nemo-Party, Prinzessinnen-Party oder Harry-Potter-Party.

1. Wiener Kindergalerie Lalibela

2. Bezirk, Obere Augartenstraße 26–28
Tel.: 603 86 06
kindergalerielalibela.info · safer.kindergalerie@aon.at

Die Kindergalerie Lalibela bietet für Geburtstagsfeiern eine Kreativstunde in den Räumen der Galerie. Anschließend an das gemeinsame freie Gestalten besteht die Möglichkeit einer Geburtstagsjause, wobei diese von der einladenden Familie mitgebracht werden muss. Maximale Gruppengröße: 15 Kinder; die Kosten (Kreativangebot und Raumbenützung) für 10 Kinder betragen 120 €, jedes weitere Kind 7 €.

Märchenbühne Apfelbaum

7. Bezirk, Kirchengasse 41
Tel.: 523 17 29-20
www.maerchenbuehne.at

Geburtstag feiern bei einer Theateraufführung für Kinder. Die 1. Reihe wird für die Geburtstagsgesellschaft reserviert. Nach der Aufführung gibt's Torte, Saft und Kindertänze. Höchstens 15 Personen, mindestens ein Erwachsener, bis zu 7 Kindern € 170,-, jede weitere Person € 10, ein Erwachsener gratis.

Kindergeburtstag in Anitas Familienland

21. Bezirk, Prager Straße 142
Tel.: 27 000 45
www.familienland.co.at

Indoorspielplatz, Geburtstagsjause, Spielen.

SANI Geburtstagsfest

3. Bezirk, Landstraßer Hauptstraße 148, Stiege 5
Tel.: 0664/314 9417
www.sani.at

Kindergeburtstag auf 60 m² Spielfläche; Kinderrutsche, Bälle, Luftballons, und jede Menge Spiele vom Dosenwerfen bis zum Sesseltanz. Superlustig!

Made by you

4. Bezirk, Schleifmühlgasse 9, Ecke Operngasse
Tel.: 585 47 90
www.madebyyou.at

9. Bezirk, Nussdorferstraße 18
Tel.: 319 52 79

Ein Geburtstagsfest, bei dem jeder sein Geschenk selbst herstellt. In sehr entspannter Umgebung bemalst und brennst du dein Werkstück, die Getränke sind gratis! Zwischen 6 und 10 Kindern.

Kindergeburtstag im Partyraum vom Kiddyclub

19. Bezirk, Neustift am Walde
Tel.: 0664/132 78 48
www.kiddyclub.at

Riesenpartyraum (90 m²) für dein Fest mit Essen, Trinken, Tanzen, Karaoke, Zauberer und Kasperltheater.

Register

Wir haben es geschafft!

Der Bürgermeister ist begeistert. Nach all den erzählten Geschichten, den vielen, vielen Informationen über Wien gibt es auch für ihn keinen Zweifel mehr: **Leopoldine** und **Franz-Ferdinand** sind die besten Erlebnis-Stadtführer für Kinder, die es gibt.

„Hiermit ernenne ich euch zu städtisch und bürgermeisterlich geprüften Erlebnis-Stadtführern für Kinder", sagt der Bürgermeister ganz feierlich.

Am Ende kommen auch noch Stempel und Siegel auf die Wien-Mappe von Franz-Ferdinand und Poldi.

Wenn ihr also mal wieder Lust auf ein Wien-Abenteuer habt, dann fragt die besten Erlebnis-Stadtführer, die es gibt:
Die Ratte mit der Matte und die **Taube mit der Haube**
haben immer einen passenden Tipp – ganz speziell für dich!